萬博 研究 Institute
WANB 万博新经济丛书

供给侧改革
下一步怎么办

滕泰◎主编

人民东方出版传媒
东方出版社

本书作者

（以书中内容顺序为序）

杜跃进　新华社《经济参考报》总编辑

滕　泰　万博新经济研究院院长

刘世锦　中国发展研究基金会副理事长

王忠民　全国社会保障基金理事会副理事长

张　军　复旦大学中国经济研究中心主任

田国强　上海财经大学经济学院院长

王小鲁　中国改革基金会国民经济研究所副所长

董祚继　国土资源部调控和监测司巡视员

唐　健　国土资源部中国土地勘测规划院地政中心主任

孟万河　中投汇沣置业有限公司总经理

徐艺泰　北京金融衍生品研究院院长

董少鹏　《证券日报》副总编辑

张　阳　中国非公立医疗机构协会副会长

韩　蔚　南方科技大学筹备办前副主任

张显峰　《中国教育报》副总编辑

高世宪　国家发展和改革委员会能源研究所副所长

肖　林　上海市人民政府发展研究中心主任

方　晋　中国发展研究基金会副秘书长

李　锦　中国企业改革与发展研究会副会长

林左鸣　中央委员、中国航空工业集团公司董事长

胥和平　科技部调研室前主任

顾　强　工信部规划司前副司长

刘亚霄　神州租车首席信息官

唐双宁　中国光大集团党委书记、董事长

目　录

第四章　地方与国企改革的躬行探索

第五章　培育新供给，创造新需求

序

深化供给侧改革　激发经济新动能

杜跃进 [①]

为应对国内外经济的复杂变局，中国最高决策层提出的"供给侧结构性改革"，正在从"高频热词"转化为从中央到地方、从政府到企业的"路线图"与"时间表"。这是我国为适应国际金融危机以来综合国力竞争新形势的主动抉择，是"三期叠加"下中国经济健康可持续发展的必然要求，也是顺应和引领经济发展新常态的重大创新。

在 2015 年 11 月 10 日召开的中央财经领导小组第十一次会议上，习近平总书记提出，在适度扩大总需求的同时，着力加强供给侧结构性改革，着力提高供给体系质量和效率，增强经济持续增长动力，推动中国社会生产力水平实现整体跃升。一个月后，中央经济工作会议对供给侧结构性改革，从理论思考到具体实践，做出了全面阐释和精心部署。

在今年初举办的省部级主要领导干部研讨班上，习近平同志对供给侧结构性改革做了详细阐释。他指出，供给侧结构性改革"重点是解放和发展社会生产力"，"既强调供给又关注需求，既突出发展社会生产力又注重完善生产关系，既发挥市场在资源配置中的决定性作用又更好发挥政府作

---

① 本文作者为新华社《经济参考报》总编辑

用，既着眼当前又立足长远"。今年8月，在主持召开经济形势专家座谈会时，他对供给侧结构性改革提出了"有力、有度、有效"新要求；随后，他到青海视察时再次提出，要把推进供给侧结构性改革作为当前和今后一个时期经济发展和经济工作的主线。

在不久前落幕的G20杭州峰会上，习近平主席建议，二十国集团应该调整政策思路，采取更加全面的宏观经济政策，统筹兼顾财政、货币、结构性改革政策，努力扩大全球总需求，全面改善供给质量，巩固经济增长基础，做到短期政策和中长期政策并重，需求侧管理和供给侧改革并重。

随着中央对供给侧结构性改革思想体系的逐步完善，中央部委和地方对供给侧结构性改革的认识也日益提高，大部分省市陆续出台了供给侧结构性改革实施方案。随着改革深入，一些深层次矛盾和问题集中暴露。比如，在教育、医疗、养老等供给与需求矛盾最突出的领域，急需政府主管部门和行业协会以创新的思路深入推进改革。又如，一些以新技术、新模式为引领的新供给形态，面临了既得利益群体的百般阻挠。

今年是"十三五"开局之年，也是推进结构性改革的攻坚之年。我们别无选择，必须迎难而上。"不能因为包袱重而等待、困难多而不作为、有风险而躲避、有阵痛而不前"。《经济参考报》和万博新经济研究院，一个是为改革开放鼓与呼近35年的新中国财经第一报，一个是异军突起的新型民间智库，基于共同的抱负、价值观和拳拳之心，进行了多年合作，其中一个重要议题就是新供给主义经济学和供给侧改革。

去年习近平总书记提出"供给侧结构性改革"后的当月，万博新经济研究院和《经济参考报》便邀请来自国务院研究室、国土资源部、科技部、社科院、清华大学等单位的官员和专家，举行了"新供给新动力——供给侧改革圆桌论坛"。作为这次会议的成果之一——《供给侧改革》一书，已成为多个省市党政干部供给侧结构性改革的培训教材，并受到有关改革决策部门的重视。

今年 5 月，围绕供给侧结构性矛盾最为突出的医疗领域，万博新经济研究院和《经济参考报》又举办了"供给侧结构性改革把脉大国医疗"专题圆桌会议。与会专家和业内人士就如何运用供给侧结构性改革原理破解医疗体制改革这一"世界性顽疾"开出了"中国式处方"，在业内外引起了较大反响。

今年 9 月，合作双方又共同举办了"躬行与攻坚：供给侧改革，下一步怎么办"圆桌会议。这是在地方供给侧改革开始探索前行，各部门进入具体改革方案的设计，改革进入攻坚阶段的背景下举行的一次深度研讨。会后，万博新经济研究院又邀请了林左鸣、唐双宁、张军、田国强等一批高端专家学者一起推出了《供给侧改革，下一步怎么办》这本书，对于及时引导供给侧结构性改革的正确方向，总结地方和部门供给侧结构性改革的经验，推动要素市场和关键领域的供给侧结构性改革，无疑具有重要的参考价值。

万博新经济研究院院长滕泰博士长期致力于新供给主义经济学和供给侧改革的学术与政策研究，他早在 2012 年就发表了《新供给主义宣言》，2013 年 3 月就在《经济参考报》发表了题为《以新供给主义推动中国深层次改革》的文章，并先后出版了《民富论——新供给主义百年强国路》《供给侧的觉醒》《新财富论——新供给主义富民强国论》等著作。他从供给侧重新定义了宏观经济周期的不同阶段——新供给形成阶段、新供给扩张阶段、供给成熟阶段和供给老化阶段；提出了放松高行政成本、高融资成本、高税收成本三大供给约束的短期改革主张；阐述了围绕人口和劳动力、土地和资源、资本和金融、技术和创新、制度和管理等五大财富源泉，全面解除供给抑制，提高供给效率，降低供给成本的长期供给侧改革思想，引起了广泛的关注和讨论。2015 年 11 月，他还应邀出席李克强总理召开的经济形势座谈会，并做了题为《从供给侧改革，全面降低企业运行成本，开启经济新周期》的发言。

为了建立基于中国实践的新供给经济学，推动供给侧改革，万博新经济研究院还成立了"新供给经济学研究中心"，建立了专门团队从事供给侧改革的调研和探讨，定期出版内参刊物《供给侧改革研究月报》，在新供给主义经济学和供给侧结构性改革的学术与政策研究方面走在了前列。

新常态下的中国经济，呼唤新的动能。而新的动能只能来自新思路、新视野、新探索、新实践。供给侧结构性改革便是一次基于新思路与新视野的伟大探索和实践。我们有理由相信，只要沿着正确的改革方向，咬定青山不放松，突围破局，久久为功，持之以恒，就一定能够激发中国经济增长新动能，迎来中国经济发展新格局。

前言

供给侧改革，下一步怎么办？

滕泰[①]

供给侧改革进入攻坚阶段

去年四季度以来，中央提出了供给侧结构性改革已经近一年，从学界一哄而上炒概念已经统一到党中央和国务院的认识和指导思想上，明确了供给侧结构性改革既不是新计划经济，不是新自由主义，也不能同扩大总需求对立起来。但在"三去一补一降"和培育新供给、新动能的关系，对供给侧结构性改革战略思想的全面理解等方面，还需要进一步的讨论、引导。

调研发现，地方政府从雾里看花开始躬行探索，半数以上省市都出台了各自的供给侧结构性改革方案，但也存在着片面理解、教条主义或者形式主义的问题，个别省份的供给侧结构性改革还夹杂了些地方保护主义的政策。各个部门也从一开始的相互观望、观察、研究，到现在陆续推出各自领域的供给侧结构性改革措施，正在逐步行动起来。但在一些涉及土地、资本和劳动要素市场的深化改革方面，市场仍期待着真正的突破；在老百姓关心、供给侧结构性矛盾最突出的民生领域，如医疗供给侧改革，教育供给侧改革，交通、能源改革，还需要真正的攻坚克难，尽快拿出有效的方案。

---

① 本文作者为万博新经济研究院院长

正是在这样的背景下，习近平总书记指出全面深化改革要进入一个"施工高峰期"；也是在这样的背景下，李克强总理强调要着力加快供给侧结构性改革，加快培育新供给、新动能，国务院出台了《降低实体经济企业成本的工作方案》；9月9日，张高丽副总理在省部级干部研讨会上又专门强调提出"把改造传统动能和培育新动能结合起来"；也正是在这样的背景下，我们于2016年9月与新华社《经济参考报》共同主办了"躬行与攻坚：供给侧改革，下一步怎么办？"圆桌讨论会，并在会后与各界专家进行了深入的交流、研究，在此基础上形成本书《供给侧改革，下一步怎么办》。

衡量供给侧改革成效的标准是解放生产力

实事求是地看，中国经济的主要矛盾就是供给结构老化，供给侧结构性改革真正抓住了中国经济运行的主要矛盾。因此，决策层说供给侧结构性改革是根据国内情况和国际形势做出的战略性选择和主动选择，说这是一场"输不起的战争"，最近G20峰会上国际社会也开始关注中国供给侧结构性改革。

一个驾驶员，当他发现三个"油门"——投资、消费、出口都踩到底了，车子还在减速，怎么办？驾驶员一定会停下来看看发动机有没有问题。供给侧结构性改革就是从"发动机"的角度提高中国经济的动能，绝对不是为了把中国经济搞下来，而是创新增长方式，从根本上培育长期动能。

既然我们如此战略性地重视供给侧改革，如果有些省市还是抄抄文件，不知道怎么培育新供给、新动能；有的部门仍只在这些边边角角的问题上出台一些办法，而在真正怎样降低土地的供给成本、降低资金成本和提高劳动的供给效率方面没有实质动作，或在医疗、教育、能源、金融这些供给侧结构性矛盾最严重的领域不尽快出台可操作性的改革措施，再过两三年，该怎么向国人，包括关注我们的国家提交答卷呢？

因此，深化供给侧结构性改革必须讨论衡量改革成效的标准。我们认为，衡量供给侧改革成效的标准应该是解放生产力。从短期成效来看，有以下三个方面：一是转型的力度。转型需要依靠完善的要素市场和强大的社会保障，推动生产要素从供给过剩、供给老化的行业向新供给形成、新供给扩张的产业转移。二是放手的效果。通过简政放权，市场主体的成本降低了多少？通过放管结合，民间投资的活力增加了吗？通过优化服务，创新创业的环境改善了吗？总体而言就是新供给、新动力涌现的障碍和约束减少了没有？三是改革的深度。通过深化改革，提高要素供给效率，全面降低要素供给成本，让人口与劳动、土地与资源、金融与资本、技术与创新、制度与管理五大财富源泉充分涌流。

从长期成效来看，只有认真贯彻十八届三中全会"使市场在资源配置中起决定性作用"的精神，坚定不移地推进供给侧结构性改革，并及时正确地加以引导，各地、各行业、各领域才能因地制宜创新增长方式，供给侧结构性改革才能真正起到解放生产力的作用，中国经济才能焕发新的增长活力。

地方政府供给侧改革要辩证处理加减法

许多省市从"去产能"等五大重点任务入手，给供给侧改革"破题"，但在辩证处理加减法上还需要进一步提高认识。比如如何认识去产能和新动能的关系？我们认为，去产能和培育新供给、新动能是同向并肩而行的两条河流，只有两条河流合二为一的一天，才意味着供给侧改革真正见到了一定成效。仅仅把过剩产能或者老化产能的企业关了或停产、限产，还不能叫供给侧结构性改革；只有当过剩产业的生产要素，比如土地、劳动、资本、技术、管理转移到新供给、新动能领域中，才是真正的供给侧结构性改革。

在 2012 年 11 月发表的《新供给主义宣言》中，我们举了苹果手机的案例：在乔布斯创造苹果手机之前，世界对它的需求是零——苹果智能手机用新供给创造了新需求，相关产业链拉动了美国经济的持续复苏。而该行业的一些老供给就必然要退出，比如诺基亚、摩托罗拉，有的倒闭、有的被收购了。每次新供给的产生都是"破坏性创造"的过程。滴滴出行、神州租车或其他网约车公司，虽不是苹果手机那样的新产品，而是一种新的商业技术和管理模式，也是新供给、新动能。之前人们打不到车不是因为没有汽车，也不是没有驾驶员开，而是因为有出租车运营牌照管制，抑制了有效供给，使有效需求无法满足。网约车创造了新的供给，解放了生产力，满足了新的需求。但无论是苹果手机，还是网约车为代表的新供给，都会冲击老供给，网约车一出来，传统的出租车日子就不好过了。

既然新供给、新动能的产生必然伴随着老供给、过剩产能的退出，那么"去过剩产能"也是遵循了市场的客观规律。但是如果某些省市在贯彻落实供给侧改革方案中，只是片面强调"去产能"和"去库存"，而不知道如何培育新供给、新动能，就变成了只做减法，不做加法，势必对经济稳定产生负面影响。

在各省市供给侧改革方案中，上海、深圳、北京中关村在培育创新环境和补制度短板等方面都很有特色。还有一些省份，比如四川在强调"三去一补一降"作为重点任务的同时，还提出了"一提一创一培"，在培育新供给、新动能方面也想在了前面。

关键领域突破须发动基层或发挥智库作用

很多领域的供给侧结构性矛盾已经暴露得很充分，是该动真刀真枪的时候了，以医疗供给侧结构性改革为例，不论是魏则西事件还是广东伤医案，仅仅是医疗供给侧结构性矛盾的一个侧面，任何微小事件都可能迅速引发全社会的不满。所以这种情况下要尽快展开医疗供给侧改革，不能眉毛胡子一把抓，竹篮打水；也不能搞形式主义，换汤不换药；更不能把什么问题都推到机制上或者所谓的世界性难题上，畏难推诿、无所作为。医疗供给侧改革应短期治标，增加医疗有效供给；中期疏通经络，改善供给结构和质量；长期治本，提高医生公信力，建立医护人员的培养机制。

在教育、金融、土地、能源、交通运输等领域也是一样，不是这些行业和部门的人不专业、不懂，而是他们太专业，懂得太多了。比如教育，哪个大学校长的手里不是有大把的权力？哪个中学校长不享受着千千万万家长的"供奉"？他们对教育的情况非常清楚。但一谈教育改革他们就讲一堆的客观原因，这也不行，那也不行，最终结果就是中国现实非得这样，而且他们还一肚子苦水。但是为什么学生对我们的教育不满意？家长对教育不满意？用人单位也不满意？

金融也是一样，银行行长们、金融监管部门的领导们，他们对金融的情况非常清楚，对"地上水"怎么流很清楚，"地下水"怎么流很清楚，"沟沟坎坎"怎么拐也清楚，但一谈起金融改革，就把事情搞得异常复杂，造出一堆专业名词，让领导和领域外的人听不懂。但金融有那么复杂吗？金融的功能就是在储蓄者和企业之间用最低的成本架设一座桥梁，中国钱最多，中国居然钱最贵。一边是100多万亿人民币的巨额储蓄，另一边是中小企业融资贵、融资难。中国的金融机构不但没有在二者之间架设桥梁，还在二者之间挖了一道深不见底的鸿沟。

所以，这些行业不是没有办法改，也不是不能改，而是真正懂的人不想改，想改的人又不让你懂。所以有些改革，比如地方或国企供给侧改革，必须放手发动基层，探索出成功案例，然后由政府引导推广；而专业领域的供给侧改革，则必须发动独立智库参与。中国正在兴起的一批新型民间智库，在经济上独立、思想上有建设性、人才和机制上有能力设计可操作性的改革方案，不以赚取课题收入或获得领导批示为目标，也许可以在下一步供给侧结构性改革中发挥积极作用。

本书中除了我和万博新经济研究院的同事们共同研究的一些成果，还邀请了来自高端智库、行业部委、学术单位和地方政府的专家参与，其中林左鸣先生是我十分敬仰的企业领袖和学术前辈，本书收录了我们二人的对话《钢琴与长笛的对话——消费端升级及供给侧改革》，国务院发展研究中心前副主任刘世锦先生阐述了关于要素市场改革的重要思想，全国社保基金理事会副理事长王忠民先生就社保领域如何推动供给侧改革专门撰文，中国改革基金会国民经济研究所副所长王小鲁先生谈了他对进一步放开土地市场的看法，复旦大学中国经济研究中心主任张军教授、上海财经大学经济学院院长田国强教授等学者提供了关于供给侧改革难点和推进城市化方面的研究成果，国土资源部调控和监测司巡视员董祚继先生、国土资源部中国土地勘测规划院地政中心主任唐健女士、中投汇洋置业有限公司总经理孟万河先生就土地供给侧改革提供了富有建设性的论文和调研报告，科技部调研室前主任胥和平、工信部规划司前副司长顾强先生提出了如何培育新供给、新动力的政策建议，《中国教育报》副总编张显峰、南方科技大学筹备办副主任韩蔚、中国非公立医疗机构协会副会长、三博脑科医院董事张阳等来自教育、医疗第一线的实践者为推动这些关键领域的供给侧改革提出了意见，上海市政府发展研究中心主任肖林等来自地方改革实践与研究部门的同志，提供了地方供给侧改革的宝贵经验……特别令人欣喜的是，在本书即将出版之际，又有幸收到中国光大集团董事长唐双宁先生发来的高屋建瓴之作《坚持做好供给侧结构性改革这篇大文章》，正好做本书后记。还有许多其他专家也都倾力为推动供给侧结构性改革发声撰文，在此谨致谢意。

2016年1月份我们推出的《供给侧改革》一书，已成为多个省市领导干部党校学习供给侧改革的重要参考书目，在推动供给侧结构性改革的概念和理论传播上发挥了一定的积极作用。我们希望《供给侧改革，下一步怎么办》一书能够在推动形成新供给、新动能，推动医疗、教育、能源、土地、金融等领域供给侧结构性改革和攻坚克难方面发挥一定的积极作用，让供给侧改革的步伐迈得更快更稳，进一步解放生产力，早日推动中国经济进入新的增长周期！

2016年9月

第一章　施工高峰期　供给侧改革如何攻坚克难

供给侧结构性改革需聚焦于要素市场改革

刘世锦 [①]

关于供给侧结构性改革，第一，不要泛化供给侧结构性改革，还是要聚焦要素市场改革。针对近期有人认为供给侧结构性改革需要减税，我认为，有些方面企业负担确实比较重，可以减税，但坦率地说，经济处在下行期，特别是在一些下行压力大的地方，财政压力比较大，减税空间有限。减税本身是一个宏观政策问题，并不能解决微观基础的问题。

第二，要素市场到底改什么？我认为，十八届三中全会所讲的改革大部分属于供给侧结构性改革。改革如何落实是一个很大的问题。"三去一降一补"，这些任务不能拖。更重要的是，在要素市场改革上要有实质性推进。

一是行政性垄断导致低效率。基础行业中像石油、天然气、电力、电信、铁路等，服务业中像医疗、教育、文化等，行政性垄断问题不同程度存在，对要素生产率提升影响很大。在培育新的增长点的同时，老的领域仍有很大提升效率的潜力，供给侧结构性改革要在这些领域有实质性的推动。新的增长点也有不同类型：有的是新产品，比如新能源汽车、大家议论较多的智能马桶等。但更多的是老领域换新机制，释放出新活力，这也算新的增长点。

二是城乡之间的土地、资金、人员等要素流动的改革，不能再拖下去

[①] 本文作者为中国发展研究基金会副理事长

了。最近北京、上海、深圳房价飙升，有它合理的一面，但是我们看到更多的是一些不合理的因素。比如城市的发展战略，大多数 GDP 和创新都发生在大都市圈，人口也大量进入，是否能够事先知道，做出精准规划呢？这个问题要反思。如果规划的指标和应该达到与实际达到的指标差距太大，资源配置就会出现问题，土地和公共服务等就会供给不足。这实际上是供给侧结构性改革应该解决的问题。

另一个重点是土地政策问题。三中全会明确提出农村的集体土地，包括建设用地和宅基地，都要动起来，逐步进入流转。但几年过去了，目前的宅基地流转试点还是局限于一个村子内部。而实际需要的是城乡之间、不同地区乃至更大范围的流转。如果把城乡之间的土地、资金和人员流动打通，在城乡接合部，在有潜力转化为城镇的农村地区，地价和房价就会动起来，这样形成的收入分配结构就大不相同。

三是如何有效推动创新。城市房价过高将会抑制创新。如果一个城市的年轻人觉得生活成本太高而待不下去，这个城市是没有未来的。

四是金融风险问题。现在的资金，大多用在买房上，而不是实体经济和创新上。尽管过去投资房子赚钱，但现在一定要谨慎。过去中国房价涨了好几轮，是和过去中国经济一直高速增长有关。但这次不一样，中国经济已经开始下行了，将来是一个很长的中速增长期，房价再往上涨得不到经济基本面的支撑，对其中的风险要有足够关注。

供给侧改革要有实质性推进，改革机制也很重要。深化改革要把顶层设计和基层试验很好地结合起来。顶层设计一是"指方向"，改革朝哪个方向走要明确；二是"划底线"，什么事情不能做，什么问题要避免，也要说清楚。在此前提下，到底什么办法管用，还是要靠地方、基层、企业和个人的探索试验。改革就是制度创新，而创新是充满不确定性的，要通过足够数量的试错，才能找到对的东西。这方面，要注意观察、总结好的案例，并加以推荐，其他地方可以学习、研究、探索。制度创新在整个创新中至关重要，制度创新先走一步，才能带动其他方面创新取得进展。

聚焦劳动要素市场化改革，驱动供给侧改革总体前进

王忠民 ①

供给侧结构性改革应该在要素市场上进行充分聚焦、着力和推动根本性的改革，且要素市场改革的主要方向应该是市场化的方向，而不是其他方向，这是改革开放以来历史证明的，也是十八届三中全会全面要求和部署的。劳动要素市场的改革是要素改革的重要一维，当前聚焦劳动要素市场化改革能够驱动供给侧改革其他环节顺利推进。

一、当前供给侧改革的主战场在要素市场

毫无疑问，推动供给侧结构性改革的这一年时间是近几年来着力、用力探索和出台政策最多的时期，但是如果我们细想，从改革开放初期，我们所做的改革工作更多的不是在需求端，而是在供给端，例如，改革开放过程中不断放开民营力量，无非是不断形成一个市场化力量的供给端而已。任何一次改革国有企业的细小或根本的推进，无非是国有生产要素以什么样的方式去进行生产要素组合从而推进供给端结构化升级，而给民营企业和外资不断开放可以准入的产业和领域也就是让新供给能力在什么样的领域去推进的问题，我感觉到目前为止的改革开放进程已经解决了供给侧很

---

① 本文作者为全国社保基金理事会副理事长

多问题，但还不够，还需大力推进供给侧改革并且进行有力实施。

一是在市场参与主体方面，以多种方式解决提供商品和服务主体的问题，也即企业主体问题，目前已经解决了大部分问题，但仍有空间。改革开放以来，我们逐步放开了民营企业、私营企业、乡镇企业，比如当时我们为了推乡镇企业还专门推了《乡镇企业法》。出台《企业法》后也推出各种办法，包括引入外资、发展混合所有制、合伙人企业等等，在经营范围上也逐步允许不同所有制企业开展各类业务经营。所有这些措施无非是解决企业资本的组合方式和企业生产什么样产品的问题，也就是不同企业用什么样的方法把生产要素拿来，用什么样的生产机制生产、销售商品和服务。今天我们谈及供给侧改革都会必然涉及国有企业改革和民营企业发展，甚至我们谈到的时候会说大众创业、万众创新，这些无非就是形成什么样的制度来解决市场参与主体的问题。目前尽管不能说这个任务完全完成了，但多元化的市场参与主体已经基本形成。

而在另一个重要方面，即各类市场参与主体赖以运营的生产要素方面尚缺乏深入的市场化改革，也就是说，尽管我们存在名义上的资本市场、劳动市场、土地市场等，但这些市场从根本上来说尚缺乏真正市场化的内在逻辑和核心。对于一个微观市场主体来说，参与市场的过程即是用什么样的要素生产出的商品，在市场上按市场价格交换，最后核算他的成本和利润的过程。在这一端留下最多的问题是什么？萨伊说，供给产生需求。一旦当市场主体形成供给能力的时候，一定要在生产要素端产生需求，而生产要素端到今天为止我感觉尚未经历深入的市场化过程。

比如在资本要素市场，已完成部分市场化的包括各类市场化资本投资机构的形成，企业上市制度也不断完善，现在民营企业可以上市，主板不行还有中小板、创业板和新三板，但是目前存在的问题是市场化投融资制度尚未真正建立，从而市场化的资源配置尚未有效运行。阿里巴巴上市后，我们发现其大股东都是外国基金，为什么不是中国的人民币基金在其中占主导，或者占主要的份额？如果是这样，阿里巴巴上市后应该是中国人民币基金收获的季节！而阿里巴巴的两大股东，分别是日资企业软银、美资企业雅虎。移动互联时代，正在创造神话、创造财富、创造免费消费体验，甚至创造烧钱式的消费体验。金融生态如何支持移动互联领域的发展变化？从阿里巴巴这个案例中，我们可以得出一个基本结论，那就是中国的金融生态尚不足以有效、充分、积极地支持中国移动互联产业的快速发展、快速成长，从而也留给了我们种种遗憾。我们在资本端形成了偌大的民营资本，也形成了偌大积累的国有资本，但国外资本配置的市场化逻辑要比我们充分得多，阿里巴巴先在香港上市，私有化又跑到美国上市，在这之前 A 股不能上，这是因为我们的资本市场化架构体系，我们所谓按照资本同股同权考虑的时候，没有容纳它的合伙人制度。美国市场上，只要公司信息披露完备，市场理解，那就是公司和市场之间的个体合约关系的问题，资本市场制度倒不排除。因此资本要素还有很大的市场化改革空间。

资本要素市场是如此，土地要素市场中土地使用权的充分交易问题、劳动要素市场中劳动力的流动和社会保障上的不公平性问题也是如此，供给端市场化逻辑到今天仍然远没有完成。我认为，供给侧结构性改革最大的历史任务是对于任何一个生产要素，不管它静态地配置到哪个行业、哪个企业、哪个产品中发挥作用，都存在一个动态的市场化的生产要素市场，这个市场应具有充分的市场流动性和市场竞争性，在这个市场中，参与主体（公司）自主衡量自身的资源配置，使得资源要素最终都能流动到最有效率的使用地方去，让要素的持有者得到最佳有效的回报。按照要素市场是有效动态配置所有生产要素的市场机制这个标准，我们今天看生产要素市场仍然存在很多的约束，这个就是下一步改革的空间所在。

二、劳动要素市场改革是当前供给侧改革的重要环节

现在我们具体聚焦到劳动要素，在这个要素中，我们发现也存在较多问题亟需深化改革，而这一问题也直接影响到供给侧改革的其他方面。

比如今天正处于纠偏过程的一个问题，就是计划生育问题。本来我们是人口红利最大的国家，结果突然发现我们人口红利马上要消失，未来劳动力供给存在断崖式下降的风险，所以我们提出了单独二孩，后来又完全放开二孩，这是我们在劳动端口劳动力形成的过程中，在计划生育这件问题上的纠正措施，但在这一政策调整过程中我们发现计划调节的方式跟不上市场的真实需求变化，不及时深化这方面体制改革，容易阻碍劳动力市场的有效供给。

社会保障缴费体制方面也存在较多制度约束或障碍。比如最基本的问题，个人社保跨省转移问题。我国的职工基本养老保险和基本医疗保险实行统筹基金加个人账户的"统账结合"模式。目前在跨省转移方面，医疗保险只能转移个人账户资金，不转移社会统筹资金；养老保险执行的是2009年底出台的《关于城镇企业职工基本养老保险关系转移接续暂行办法》，该办法规定个人部分全额转移，统筹部分转移缴费基数的12%，相当于统筹部分的60%。而对于职工及企业所缴纳的失业、工伤及生育保险，则不能"全国漫游"。这导致个人转异地所交的社会统筹账户的大部分资金拿不走，只有个人账户可以拿走，拿走还要经过很多的程序，这些携带、转移的问题都成为了劳动市场中的障碍。这些问题客观上制约了劳动力的市场流动和社保基金的全国统筹进程。

社保缴费方面另一个问题是，社保缴费总费率高，企业负担重。当前我国企业职工五项社会保险总费率接近法国、德国、意大利等欧洲福利国家40%的缴费门槛，分别比美国、日本和韩国社保缴费率高出23.2、14.01和24.12个百分点，约为菲律宾的3.04倍、泰国的3.84倍和墨西哥的4.76倍。再加上各地10%～24%的住房公积金缴费，"五险一金"名义费率已经达到60%左右。"五险一金"费率长期居高不下，再加上尚待完善的缴费基数确定和增长机制，成为带动企业用工成本持续上涨和影响企业生产经营平稳的重要因素，使我国制造业的竞争优势大打折扣。在我国雇用1名工人的费用，在泰国可以雇用1.5名，在菲律宾可以雇用2.5名，在印尼可以雇用 3.5 名。我国的劳动力成本优势已被东南亚国家所取代，加之美国等发达国家推出"再工业化""重振制造业"等计划，我国制造业正面临巨大挑战。近年来我们提出要降低企业成本，但国务院下了很大的工夫，综合费率仍然难以降低，在今后人口老龄化加剧、社保费用总体负担加重且刚性支出特征明显的情况下，降低企业负担问题更加困难，解决缴费机制问题更显突出。

同时，从劳动者方面看，劳动者在生产过程中承担了较高的社保缴费，又在消费过程中承担了消费终端的税收，存在双重负担问题。我们来算一笔账，仅从养老金方面看，职工为养老金承担了多少费用？职工和企业缴纳了工资总额的 28%，其中单位缴纳了 20%，职工个人缴纳了 8%，单位缴纳的纳入社会统筹，职工个人账户目前是空账运转，这相当于当前劳动者承担了退休者的养老负担。从社保整体看，公司整体为员工缴纳的社会保障费率达 40% 以上，这些支出最终要纳入到产品成本中去，一个企业的产品最后都要卖出去，卖出去的时候在税收方面实行的是什么制度？价内税，流转税。任何一个买卖环节，下一位买者都是税收承担者，因此，作为劳动者承担了含在成本中的社会统筹的费用，在作为消费者和作为企业另一端的终端产品的购买者时，在税收方面又贡献了一次，这也是我们的商品比较贵的一个主要原因。在社会保障中，最终的消费者在作为劳动者的时候，交了一次社会统筹的部分，而作为消费者的时候在税收当中又被纳税一次，这是社保缴费系统与税收系统存在矛盾和扭曲的问题的反映。

社保缴费体制存在的这些问题影响了劳动要素市场的市场化进程，进而影响到企业的市场化经营，从而影响供给侧改革的全局。比如，仅从企业破产行为市场化一方面看，由于社保缴费的制约因素，影响了企业能否及时破产保护和及时清算各种要素的回报以达到市场出清，若企业不能破产就不能把要素回归到要素市场中去，供给侧结构性改革所有的去产能、去杠杆、去库存、补短板都没有办法在要求市场动态运行中有效解决。所以，劳动要素市场改革是当前供给侧改革的重要环节，而社保体制改革则是劳动要素市场改革的重点。

三、劳动要素市场化改革的路径

那么如何解决社会保障的结构性障碍从而使劳动要素回归市场化？

1. 降低企业成本，设立个人养老金账户

中国的社会保障体系正面临人口老龄化压力。领取养老金的老人多了，缴纳养老保险的年轻人相对少了，仅就城镇职工基本养老保险这一项，2014年就已经出现了在职人员缴费不足以支付当年退休人员养老领取的钱，现金流出现了缺口。而由于历史原因，基本养老保险中个人账户空账运行，这里就引出了一个问题，个人账户到底是否应该只是记名式的，个人是否应该有投资管理权？如果别人要用、要借，是以什么样的利率借，什么时候还，应该有一整套的制度和管理方法。

更严重的问题是，社会保险缴费占工资总额的比重超过40%，大大加重了企业的运营成本，而社会的发展趋势就是逐渐降低成本，在各项保险中，生育险、工伤险、失业险等占比约2%，下降空间有限，要真正降低企业成本，必须要降低占比重最高的28%的职工基本养老金。

这个问题解决的路径是把所有的归于社会统筹的社保缴纳费用，归于个人工资名下，其后把从职工工资中收取的税收或费用根据用途放入独立体系当中运作。比如职工在个人工资中划出专项资金用以基础养老金、企业年金、个人养老金，职工自身可以根据政府在什么领域给他税优，他就把资金更多放在什么方面。这种方式解决了几大问题：一是社保缴费所形成的资金要素永远跟着劳动力要素自身走，而不是跟着企业走，企业可以解体，劳动力要素可以拿着这个资金，自主选择企业，解决了生产要素的捆绑并促进了流动，特别是劳动要素。二是解决了税收端的问题，税收主要投向对社会整体有利的方向，征什么税用在哪个方面，能够一一对称。

三是能够通过税收优惠引导资金流向，从而对资金要素流量进行总体调节。

我们今天供给侧结构性改革最大的问题是税收没办法降，而真正完成供给侧结构性改革后的税收特征是，一旦降低了税收，所有的市场参与者也相应做出调整，使得市场要素也相应进行更高效率的配置，由于资金使用的效率高，奔向了效率更高的地方，所创造的社会价值大大增加，政府就可以拿到更多的税收，这样，尽管税率降低了，但政府的税收量也会增长。如果沿着我们今天降税的逻辑，政府降了税率就会降税收量，这将难以让税收这件事情正常运转，真正的供给侧结构性改革是降税率的同时，使税收量可以增加，这样税收的良性运行才可以产生。

2. 推动资管业生态系统成熟，提高整体资金运营效率

如果降低社保出来的钱变为职工个人收入，这部分钱应该去哪儿？一个拥有众多高效的投资机构与丰富金融产品的市场在中国是否已经形成？个人一旦获得了自己账户的独立支配和投资选择权，是否有一个成熟的投资市场可供投资？

2001 年，全国社保基金理事会成立，社保基金成立之初，资产管理机构非常少，选择相当有限，到今天，无论二级市场还是一级市场的管理人队伍都很庞大，而且市场细分程度也有了较大提高，即使考虑配置一些高风险高收益产品如创业基金、天使投资，也有很多机构可供选择。事实上，目前不同风险收益偏好的投资者，都可以找到相对应的管理机构和产品。全国社保基金见证了资产管理市场的发展与成长，也见证了各行业协会和行业组织的发展与成长，与基金、托管银行等各类金融机构一起长大，也获得了可观的回报。社保基金至今已投资运作 15 年，取得了非常出色的投资收益，截至 2015 年底，全国社保基金管理规模已由设立时的 200 亿元发展到 1.9 万亿元，自基金成立 15 年以来，基金权益投资收益额 7907.81 亿元，基金权益年均投资收益率 8.82%，超过同期通货膨胀率 2.35% 约 6.47 个百分点。

　　资产管理行业的生态系统已基本建成并日益成熟，无论投资管理的工具还是运用投资工具的机构，都已经比较丰富，还有行业协会进行规范、监管部门进行监管。因此，从降低企业综合费率的角度来说，第三支柱（个人养老计划）一旦建立，应尽可能转移为个人可支配的社会保障费用，在不断加强投资者教育和投资者权益保护工作的基础上，由个人针对自身风险收益偏好特征在资产管理市场选择最优的投资工具去投资。个人独立的养老账户既可享受税收优惠，又能得到持续稳定的回报，第三支柱也可以从无到有从小到大，第三支柱在发展壮大的同时，减轻了第一支柱的压力，最终配套形成由第一支柱、第二支柱、第三支柱构成的多层次社会保障体系，有效解决全社会的养老问题。

中国结构转型：加快城市化应是头等重任

张 军 [1]

城市化滞后阻碍中国经济发展，中国需在未来 10—15 年大力推进城市化进程，特别是大城市和城市群的建设。

虽然中国经济增长下行的未减压力备受全球关注，但近距离观察中国内部各地区的增长模式，却告诉你不一样的故事。中国国家统计局近年来公布的 31 个省市季度和半年度 GDP 增长数据显示，重庆和贵州这两个西南省市，最近的经济表现非常出彩。而同样是资源丰富的山西，虽距离北京不远，则日落西山。巨大的增长差异也在都曾是重工业主导的省份出现。一个刺眼的现象是，天津、山东和江苏增长强劲，而东北三省和河北则出现了经济衰退。

地区增长格局发生的这些明显变化，与其说刻画了总体增长率的下行趋势，还不如说显示了增长动能的改变。那些增长率强劲的省份，无一例外地归因于本土服务业相对于制造业的扩张。即便是出口占比较高的上海和浙江，也因为服务业的超常增长而大大减轻了出口市场的收缩对本地经济增长造成的巨大冲击。

2008 年，随着全球经济进入危机后的"新常态"，中国经济不得不加快

---

① 本文作者为复旦大学中国经济研究中心主任、经济学教授

了"再平衡"的步伐，以适应外部市场需求的变化。"再平衡"意味着中国的增长需要从长期以来依赖鼓励出口加工的产业政策向更多依赖国内本土消费者多样化需求的增长促进政策调整。

地区增长动能的这些变化对中国未来的增长具有长远的含义。在集中于制造品出口的战略中，把本地的制造业优势纳入到全球生产链（global production chain）是个关键，也是过去那些以出口为导向的成功的经济体在产业政策上的重心。但当经济增长的政策重心转向国内市场时，政策的出发点不再是如何嵌入全球生产链，而是如何面对和服务本土的多样化需求或者需求链。这一重心转移必然为那些与消费者的多样化需求高度关联的产业发展提供机会。

曾几何时，这些与消费者需求多样化高度关联的产业却被划分到了"服务业"（services）而不是"制造业"的统计口径。但不可否认，这些服务业当中的很多与制造业密不可分，比如交通运输、房地产、信息和通讯设备等，它们至少具有较强的后向关联，支撑着对基础设施和设备投资的强大需求。所以，与传统的看法不同，这些服务业的扩张并不必然挤出制造业，同样，扩大"消费"这些服务品当然也并不挤出"投资"。

尽管这些年来通讯、信息、交通、物流、金融、保险、房地产、医疗和教育等产业在中国发展较快，但它们本来可以有更快更好的发展，是可以为中国的经济增长做更大的贡献的。研究显示，尽管服务业的总体劳动生产率低于制造业，但以上这些行业的劳动生产率却显著高于制造业而不是相反，这一点也许超出了很多人的想象。在最近一篇讨论韩国经济增长趋势的论文里，高丽大学的 Jung-Wha Lee 教授测算发现，交通运输、房地产、信息和通讯设备等行业的人均增加值（value added per worker）平均要高于制造业的平均值，在美国如此，在日本和中国也是这样。这说明，假如这些行业在中国有更快的发展，全球金融危机对中国经济增长趋势的外部冲击就要小很多。

不过，正如日本和韩国过去的经验表明的那样，从出口导向的增长战略转向依赖多样化的本土需求的增长模式是艰难和痛苦的。毫无疑问，中国正在转型之中，而且之前形成的 GDP 增长趋势可能因这一转型而改变。日本和韩国的情形表明，转型的代价巨大，难免增长骤然降速，弄不好也可能滑入陷阱。

尽管中国有潜力巨大的消费者规模，并且 2008 年以来外部冲击造成中国经济的下行压力为经济结构向这般服务业的转型提供了机会，到目前为止显示出结构转型积极信号的省份也寥寥无几。事实上，受制于大多数地区的结构转型的痛苦和代价，中国的经济下行压力仍难以得到缓解。

这些表明中国的结构转型面临更多根本性挑战。这是因为，与加工出口业的单一模式和嵌入全球生产链的增长政策不同，基于本土需求多样化的产业发展依赖更高的人力资本和研发投入，也需要更多的金融支持，更公平和更自由的市场准入制度，换句话说，对治理和制度质量提出了更高的要求。这些条件依然需要通过中国政府坚持不懈的结构改革来加以创造和改善。不可否认，结构改革的难度正在对中国的领导人提出巨大挑战。

不仅如此，中国还面临一个致命的缺陷，那就是城市化过于缓慢的进程。过去 25 年，中国基于出口战略的工业化政策尽管维持了经济的高速增长，但城市化的进程依然十分落后。实际上，中国的问题不仅仅是城市化进度相当落后，而且城市人口因为大城市发展受到政策限制而过于分散。大城市群的缺失和过于分散的城市人口限制了那些具有很强网络关联效应（network externalities）的服务业多样化的发展空间。而这些网络关联效应较强的产业具有很好的生产率增进的功能，对于中国经济结构的现代化当然也必不可少。

当中国经济正在把增长的动力转向非贸易部门——信息技术、通讯、交通、物流、金融、保险和房地产的时候，城市化的滞后成为一个现实的障碍和巨大的潜力。中国需要在未来 10 ~ 15 年里大力推进城市化进程，特别是大城市和城市群的建设。在实现增长模式的改变和结构的转型方面，加快城市化理应是中国头等重要的任务。

供给侧结构性改革的重点和难点

——建立有效市场和维护服务型有限政府是关键

田国强 [①]

随着世界经济持续疲软，全球金融市场动荡加剧，近些年来本已持续下滑的中国经济也面临空前的严峻形势：实体经济整体疲弱，更严重的是经济主体信心不足，表现在消费者信心下降明显，民间投资增长出现断崖式下滑，民营企业出现倒闭潮，劳动力市场的就业压力加大，商业银行坏账大幅上升，使得生产效率、投资收益及收入增速预期都在下滑，而国有背景投资却由于贷款可得性即使在"去产能、去库存"的任务下仍出现爆发式增长，出口增速持续低迷，且随着人民币国际化进程的加快，以及中国要素比较优势的丧失，使得企业外迁势头也显著扩大，人民币贬值压力和资本外逃风险日益加剧。所有这些都表明，中国经济没有形成稳定或复苏的基础，内生性下滑的压力仍在加剧，经济持续下行的风险是大概率事件。

新常态下中国经济潜在增长率真的大幅下降了吗？

中国经济增长根本不应这么差。现在一个流行的观点认为，新常态下

---

① 本文作者是上海财经大学经济学院院长、高等研究院院长

中国的潜在增长率大幅下降了，才导致实际增长率下降，是这么回事吗？
尽管潜在生产率无法严格确定，但可从三个方面判断它并没有大幅下滑：

其一，即使要素边际收益递减规律发生作用，像任何国家的经济一样，
其潜在增长率也一定是一个缓慢下降的过程，绝不会在短短几年内就下滑
偏离了改革开放以来的经济增速均值达 3 个百分点这么大的差距！

其二，由于政府行政垄断、主导经济、国企做大的现象愈演愈烈，民
营经济的发展空间进一步受到严重挤压，各类资源配置扭曲大幅度上扬使
得原就不高的配置效率持续下滑。加上民间投资、消费双双下滑，经济主
体的信心没有改善，从而实际增长率和潜在增长率怎么可能更为接近呢？

其三，不要低估改革开放和民营经济大发展的威力。如能进行市场化
深层次制度性改革，提高市场效率和激发人们的积极性，会产生极大的意
外效果。如 1978 年确立的改革开放国策，带来到 20 世纪末工农业总产值
翻两番目标的超额实现；1992 年中国经济面临困境之际邓小平南方谈话对
市场经济体制的定调，给中国带来二十多年的经济大发展；2001 年中国加
入 WTO，以开放倒逼市场化改革，又推动中国经济高速发展了十多年，从
入世时全球第六大经济体跃居第二大经济体。

因此，只要通过真正制度性、市场化的深化改革和扩大开放，同等对
待民营经济，社会和企业的信心肯定会为之一振，经济增长就会有大的改
观。2015 年 7 月，Anton Cheremukhin 等四位俄裔经济学家在 NBER 工作论
文 *The Economy of People's Republic of China from 1953* 中通过标准宏观分析
工具的量化研究对 1953—2012 年中国经济增长进行因素分析，并对 2012—
2050 年的经济增长做了预测，分别以改革开放前后各因素的贡献作为假设
进行预测比较，其结论是改革与不改革，其对经济增长的影响差别巨大，
年均增长率相差近 3 个百分点。

表1　对不同发展路径下中国经济增长差异的预测

	2012—2024	2024—2036	2036—2050
以改革开放后的发展路径	7.8%	5.2%	3.6%
以改革开放前的发展路径	5%	4.6%	3.9%

数据来源：http://www.nber.org/papers/w21397.pdf

　　所以，无论是从内在逻辑分析，或是从历史视角分析，还是量化实证数据都得不到潜在生产率大幅下降的结论。笔者的基本判断是，如果供给侧结构性改革真正到位，现代市场制度建设不断完善，全要素生产率不断提高，中国经济增长完全有希望逼近潜在增长率而不是拉大负向缺口，并且中国未来5年的潜在增长率至少在7%以上。

经济增长下滑劣势难止是执行力和具体举措出了问题

　　那么，究竟是什么原因导致中国经济潜在增长率和实际增长率的差距在短短的几年时间内就变得如此之大且越来越大呢？笔者认为，根本原因是十八届三中、四中、五中全会所提出的决议精神和发展理念没能真正得到有效执行和落地，许多领域市场化改革推而不动，甚至是倒退，民间信心不振，导致决议和现实反差巨大的严重激励不相容，在稳增长短期方面的具体对策和举措上也出现严重偏差，没有解决好发展的逻辑和治理的逻辑间的辩证关系，没有解决好"谁去做"和"怎么做"的关键方向性问题，仍然是一如既往的"重政府轻市场、重国富轻民富、重发展轻服务"。

　　当前中国很多不作为与反向作为现象同时存在，与对"谁去做"和"怎么做"没有明确，与对供给侧结构性改革的误解、误会有很大关系。2015年中央经济工作会议确定供给侧结构性改革目标是"矫正要素配置扭曲，扩大有效供给，提高供给结构适应性和灵活性，提高全要素生产率"，并将2016年供给侧结构性改革的五大任务界定为去库存、去产能、去杠杆、降成本、补短板（"三去一降一补"）任务。无疑，中央对供给侧结构性改革的定调及其实现目标是非常精准、正确的。

然而，要完成"三去一降一补"任务，首先需弄清楚哪些部门最严重。不难发现，库存最严重的部门是国有企业，产能过剩最严重的部门是国有企业，高杠杆和高成本地方也是国有企业，短板最严重的则是政府提供公共服务不足的地方，民营经济没有平等对待的地方。如不弄清楚原因，不对高库存、过剩产能、高杠杆、高成本和短板背后的制度问题进行改革，让市场发挥决定性作用和让政府发挥好的、恰当而不是过多的作用，又怎能从根源上解决"三去一降一补"问题呢？

民间信心不足导致社会资金丰富也不愿投资

今年以来的民间投资增速大幅下滑，1—7月份民间固定资产投资同比增长只有2.1%，比去年同期增速少了9个百分点。与此同时，我们看到1—7月份国有及国有控股固定资产投资增速则由去年底的9.5%猛增至21.8%，在全部固定资产投资完成额中的比重比去年同期上升了4个百分点。当前的中国经济仍是一个政府主导的经济，政府急于保增长而再次出台大规模投资计划，且很多资金又流向国企，大量高负债国企大规模进军土地市场，近年来各地地王基本都是国企，出现国有银行和国有企业成为资本密集型行业供需双方的市场博弈主体这一世界奇观。然而，由于边际收益递减及政府主导下的投资低效，这一轮铁公基投资对经济增长的拉动效果比2008年的4万亿投资差很多。

那么，应该如何走出这样的困境呢？下面将从理论、历史和统计三个维度论证进一步解放思想、坚持改革开放、提高市场效率、提振民间信心，以此平衡好供给侧结构性改革和刺激需求端才是关键，建立有效市场和让政府在维护和服务方面发挥好的作用，提供各种所有制公平自由竞争的环境，让民营经济大发展才是中国应对经济困境的标本兼治之策。

供给侧结构性改革最根本的是有效市场制度供给

我们应以深层次市场化制度改革为内涵推进及让各种所有制公平竞争，以此提高市场效率，建立维护服务型有限政府，提振民间信心和民营经济大发展，这才是中国同时处理好发展的逻辑和治理的逻辑，以及应对当前经济困境的标本兼治的必要之策。

制度才是最关键、最根本、最长效的，在个体通常情况下为自身考虑的客观约束条件下，现代市场制度不可替代，要在资源配置中发挥决定性作用，同时政府要在维护和服务方面发挥好的作用。但现实是，许多部门和地方政府没有真正遵循十八届三中、四中、五中全会的决议精神，特别是没有让市场在资源配置中起决定性作用与在维护和提供公共服务方面更好、恰当（而不是在其他方面更多）地发挥政府作用的方向改革，所给出的改革措施甚至很大程度上是不符合决议精神的，以致政府行政垄断、主导经济、国企做大的现象愈演愈烈，民营经济的发展空间进一步受到严重挤压，导致民间、民企对当前政策手段和改革方式信心不足。

靠政府主导、国企主体无法解决经济困境

改革开放以来非国有经济尤其是民营经济大发展对中国经济的发展做出巨大贡献，且越是民营经济发达的地方，地方政府无论是经济发展、社会稳定还是其他操心事方面，日子好过得多，少许多麻烦。观察自 2015 年以来中国各省的经济增长可发现，那些政府干预较多、国有经济占比较大的省份，往往正是经济受冲击最大的省份。如，在 2015 年全国 31 省 GDP 增速排名中，有 5 个省份经济增速低于 6.9%，它们是辽宁、山西、黑龙江、吉林和河北，其中辽宁以 3% 的增速位列倒数第一。而在今年上半年，这 5 省再度位列 GDP 增速最后几位，辽宁更是以 -1% 的增速位列末位。

更重要的是，中国向效率驱动乃至创新驱动的转型发展，还有赖于民

营经济发挥主体作用。这样，历史和现实都告诉我们，国有经济主体、政府主导，在应对其效率低下、创新不足、贪腐猖獗、挤压民营经济、机会不均的问题时还存在困难，这与让市场发挥决定性作用是根本冲突的，也无法真正实现国家治理体系和治理能力现代化。并不是说完全不要国有企业，但国企存在的必要性主要是基于国家经济安全和政治方面的考虑，而不是基于效率的角度，从而必定有一个度，比重不能过高，不能过度强调它的作用。一个没有效率，经济不能有大的发展的社会是不可能长久稳定的，我们需要的是更多高效的经济体来巩固执政地位。

并且，如果什么都由政府和国企兜着，中间没有隔离带和防火墙，一旦出事，责任自然就在政府和国企，从而矛盾立刻就集中在政府身上，这将会造成很大的风险。同时，这也非常不利于产业转型升级和破产。美国政府为了削减发电厂的碳排放，加快清洁能源使用，以应对气候变化，制定了《美国清洁电力计划》环境能源政策，当然也由于页岩气能源革命，短短几年美国已有 30 多家煤炭公司申请破产，包括美国第二大煤炭生产商阿尔法等大型公司。中国那些大型国有煤炭企业能这样做吗？此外，许多人主张国有企业大量存在是基于解决民生和社会保障问题的考量，但国有企业是生产性单位，民生和社会保障应由政府通过提供公共服务去解决。

供给侧结构性改革必须注重两个逻辑

供给侧结构性改革必须注重发展的逻辑和治理的逻辑，否则会造成各种问题和危机，其关键是政府的定位必须恰当。中国改革已进入深水区。改革在取得巨大成就的同时，问题也十分严重：社会公平正义有所缺失，存在贫富差距，贪腐现象，生态严重恶化，没有处理平衡好发展和治理逻辑，导致成就和问题两头都冒尖。如果对导致发展成就的经验和问题的根源认识不清，错把缺点当成优点，把短处当成长处，中国经济的问题不可能得到根治，也不可能实现社会和谐和国家长治久安。

辨析中国改革之所以取得巨大成就，我们应该按照实验物理学的基本实验的基本方法论来谈什么是差异因素，那就是，除了坚持党的领导、坚持社会主义、社会稳定之外，新的因素是：较大程度上的经济上的选择自由、松绑放权的改革、引入竞争机制、对外开放、民营经济大发展，中国的巨大成就正是在这样的基本制度性市场化改革下才取得的。

然而，现实中，许多的改革正在往回改，又回到政府主导的老路，就是一旦遇到问题，就惯性思维式地回到老路，就想到或仍采用政府主导的方式去解决，负面作用很大。如，由于对供给侧结构性改革与"三去一降一补"的机械理解，各级政府更是通过层层分解的任务指标以行政手段来越俎代庖地解决本应由市场和企业自主解决的问题，使得问题并没有从根源上得到实质解决，随时可能死灰复燃。

维护服务型有限政府有赖于法治、执行力和民主监督

政府最根本的职能，可以用两个词概括，就是维护和服务。建立一个维护服务型有限政府离不开三要素：法治、执行力、民主监督。唯其如此，中国才能实现经济可持续增长，社会和谐稳定，国家长治久安。之所以会有上述问题，关键是政府的定位没有得到合理界定。中国的政府本质上还是一个发展型全面政府，过于注重发展的逻辑，却忽视了治理的逻辑。政府在资源配置中仍居于主导地位，大量越位和错位，大大限制和压制了市场作用的发挥，而政府却在维护市场秩序和提供公共服务方面大量缺位，没有发挥好应有的作用。

由于政府既是改革的主要推动力量，更是改革的对象，这就决定了下一步改革的艰难性。那么，如何将二者有机结合，将全面深化改革引向深入呢？即如何从政府自身的改革入手，来使之成为一个个改革发动机？如何确保深化市场化改革的成功？如何在加强治理的同时，又不对发展产生太大副作用？这些问题就牵涉到政府治理本身，在笔者看来一个维护服务

型有限政府的善治实现依赖于三要素——法治、执行力和民主监督。

其一，法治的首要作用是对政府行为的规范和约束，其次才是对市场经济个体的。一个好的法治环境，可以支持和增进市场，真正让市场发挥决定性的作用，而政府只是起到维护和服务的作用，只有这样才能最大限度地压缩权力寻租腐败的空间。

其二，增强改革的执行力和发展的驱动力，则必须从法治、激励和理念三个维度推进综合治理，特别是要发现和培养改革发展的开拓良将，将那些不唯上、不唯书、只唯实，敢闯、敢试、敢为人先的人放在重要岗位上或一把手的位置上，使之成为一个个改革发动机。

其三，没有民主监督问责，没有责任边界的划定，没有社会和媒体的监督，这样的政府治理体系将是涣散失效的。中国还需要高质量的量化指标作为目标，否则就没了努力方向，也无法对官员加以问责，从而官员也就没有责任和动力关注发展，推动改革，不再勇于创新。

重视改革的艰巨性，用好成功改革的方法论

供给侧结构性改革要取得成功，必须正视改革的艰巨性和复杂性，用好成功改革的方法论，灵活运用"明道、树势（顺势）、优术、抓时（择时）"四位一体的方法论。并且，对于改革方案的制定方式也需要重新设计，以确保独立性、科学性和可操作性。

当前中国改革空间异常狭窄，来自于利益群体和弱势群体的双重夹击，使之充满着对立和冲突，具有很大变数。我们要有十足的紧迫感，改革不能再拖，越拖越麻烦。现在很多改革问题就在于没有从方案落实到制度，从制度落实到政策，从政策落实到行动，执行不下去。基本是上面踩油门、中间挂空挡、下面踩刹车，改革决议和文件在许多方面处于空转状态，甚至由于目标、方向的混乱，反而出现文件与文件打架，改革的推动上存在困难，令人十分忧虑。问题出在哪里？在我看来，至少有三个方面的因素。

其一，按照现在的改革做法，让部委自己来操刀给自己动手术，让地方政府来革自己的命，很难做到。即使国家发改委也是发展大过改革，给人的感觉就是在不断审批项目，在改革上用力严重不够。曾任国家体改委主任的陈锦华曾言："因为改革涉及利益格局的调整。有权力、有利益的部门都不想让步，都要别人改，自己不改。在这样的情况下，就需要一个超脱权力和利益格局之外的部门来研究、协调、仲裁、推动。"当前中国改革面临相同问题，有必要考虑恢复国家体改委或成立类似机构。

其二，缺乏鼓励改革理论探讨的氛围条件，无法凝聚改革的学理共识，增加改革的前瞻性和战略性。中国改革是一个庞大系统工程，实践每向前推进一步，都会带来更多更为复杂的理论和实际问题，这就对理论创新提出了新的更高要求。不过，理论探索离不开一个开明、宽松、求真、务实的舆论氛围和社会环境，要尽量避免上纲上线。

其三，目前中国的智库结构也还是官方色彩浓厚，缺乏独立性、客观性，民间智库很少，发展严重滞后。在现有的决策体制下，中央关于某个领域的政策往往是由相关部委负责制定的，而部委下属研究机构往往通过写文件、做课题、报内参在决策中发挥作用，形成一种决策咨询上的渠道垄断。显然，这导致的结果只能是政策被部门和地方利益所裹挟，不是基于一般均衡、综合治理的考量。独立的政策研究机构是政府决策科学化的保障，中国要大力发展民间智库。

第二章　土地与金融：供给侧改革的硬骨头

开放土地市场，推进结构改革

王小鲁[①]

紧紧围绕使市场在资源配置中起决定性作用深化经济体制改革，坚持和完善基本经济制度，加快完善现代市场体系、宏观调控体系、开放型经济体系……推动经济更有效率、更加公平、更可持续发展。

建立城乡统一的建设用地市场。在符合规划和用途管制前提下，允许农村集体经营性建设用地出让、租赁、入股，实行与国有土地同等入市、同权同价。缩小征地范围，规范征地程序，完善对被征地农民合理、规范、多元保障机制。扩大国有土地有偿使用范围，减少非公益性用地划拨。建立兼顾国家、集体、个人的土地增值收益分配机制，合理提高个人收益。

——中国共产党第十八届三中全会:《全面深化改革若干重大问题的决定》

改革土地制度，建立土地市场，是落实市场在资源配置中起决定性作用的重要一步，是供给侧结构改革的一项重要内容。

---

① 本文作者为中国改革基金会国民经济研究所副所长

一、现行建设用地制度的利与弊

地方政府独家征地、独家卖地，获得土地出让收入这样一种土地利用和土地收益分配模式，基本上是在 20 世纪 90 年代中期以后逐渐形成的。其背景，一是城市化的加快发展使建设用地的需求不断增加，二是随着 1994 年的分税制改革，中央政府扩大了在国家财政收入中所占比重，地方政府收入份额减少，使之迫切需要开辟新的财源来支持其经常性和建设性支出。

这种模式从 2003 年开始，进入了快速扩展阶段。2003 年国务院和省级政府批准的建设用地合计 42 万公顷，是 2001 年（16.7 万公顷）的 2.5 倍。当年出让土地成交价 5421 亿元，是 2001 年（1296 亿元）的 4.2 倍。随后地方政府的土地出让收入从数千亿元规模一步步扩大到数万亿元规模。2014 年，财政部统计的全国土地出让收入 4.29 万亿元，相当于当年地方一般公共预算收入的 57%，相当于当年全国 GDP 的 6.8%。

从经济和社会角度客观评价，这种模式有利有弊。

利之一，是地方政府土地出让收入的迅速增加，满足了地方政府扩大投资支出的需求。扣除征地成本后，土地收入大部分用于地方投资支出，扩大了投资规模，支持了地方基础设施建设。

利之二，是地方政府用行政性手段征地，避免了土地买卖双方反复讨价还价，项目久拖不决的情况，减少了钉子户对投资项目造成的阻碍，加快了基础设施建设的速度，对经济发展发挥了有力的推动作用。中国基础设施建设说干就干，投资快，见效快，令很多国家羡慕，在很大程度上来源于此。

但这种模式的弊端也很明显，而且弊病越来越严重。

弊之一，是侵犯了农民的合法权益。中华人民共和国宪法规定，"农村和城市郊区的土地，除由法律规定属于国家所有的以外，属于集体所有"。但政府征用农村的土地，并不需要按土地的市场价格向农民付费，只需付征地补偿款，通常远低于土地市场价格。在实际操作中也有不征得当地农民同意，甚至强拆强迁的现象，这些行为是违背宪法的。地方政府卖地的高额收入，并不与失地农民分享。失地农民在领取了征地补偿款的同时，也失去了原来的生活基础，如果找不到就业机会，就可能生活无着。一个时期以来，一些地方政府在利益驱动下，动辄暴力征地拆迁，导致严重的官民冲突、恶化了执政党与群众的关系。过去十几年来各地不断出现的群体抗议、上访乃至恶性冲突，多数与征地拆迁有关。

弊之二，是一些地方政府在土地利益和政绩动机的推动下，过度鼓励房地产开发，使许多城市出现房地产大量空置，不仅造成资源浪费，经济效益下降，还占压了大量银行资金，推高了杠杆率。

弊之三，是地方政府独家征地、独家卖地，垄断了地源，排除了土地资源配置中的市场竞争，必然抬高地价，进而抬高房价，大城市尤甚。这大大提高了中、低收入居民的生活成本，阻碍了中等收入群体的形成和扩大，严重影响收入分配。城市商业服务业的高房价和高房租，还抬高了商业服务业的成本和服务价格，从而将高地价、高房价的负担转嫁给广大普通消费者。

弊之四，是土地资源由地方政府支配，失去了市场机制使资源配置优化的功能。地方政府除了高价拍卖住宅用地和商业用地，常常会为了刺激当地工业发展，在招商引资中低价或免费供地，也会浪费大量土地搞"形象工程""政绩工程"，两者都造成土地资源的低效使用和闲置浪费。土地价格的扭曲也鼓励了过度投资，助长了产能过剩，同时造成企业间苦乐不均、不公平竞争。

弊之五，是靠权力配置土地资源，使一些政府官员能够对有利益关联的开发商优先、低价供地，少收土地出让金，或以公益性用地名义变相搞房地产开发，获取巨额回扣，大大助长了腐败之风，导致公共资源流失。近年来揭露的许多贪腐大案要案，相当大比例与土地或矿产资源的配置有关。

上述土地利用模式，已经成为近些年来经济结构失衡的一个主要症结，弊已远远大于利。我国经济目前的结构失衡，主要表现为产能过剩、房地产库存过大、杠杆率过高、效率下降严重、有效供给不足。而这些都与现行土地制度有关，迫切需要改革。

二、开放土地市场，改革土地资源配置模式

如何改革现行建设用地制度，十八届三中全会决议已经指出了一个总体方向，即建立城乡统一的建设用地市场，在符合规划和用途管制前提下，允许农村集体经营性建设用地与国有土地同等入市、同权同价。简言之，即有规范地开放土地市场。这意味着各级政府不再垄断地源，农村集体可以直接以所有者的身份，在市场上通过平等交易出让土地。

首先，开放土地市场，对农村的"三块地"应当有总体统一但有区别的政策。目前有一种倾向，是把集体经营性建设用地的定义严格限制在过去的乡镇企业用地上。这实际上就把开放土地市场的路堵死了。因为过去的乡镇企业用地分布非常不均，有的地方很多，有的地方没有。多的地方也很分散，东一块、西一块，很难转让和有效利用。即便转让了，也会降低土地的使用效率，还会影响新农村建设整体布局的合理性。既然宪法规定农村土地是集体所有，农民就有权决定哪些建设用地用于经营，哪些用于非经营用途。如果过去是生产队的队部或打谷场，不用了闲在那里，作为建设用地转让取得收益，为什么不行？越俎代庖制定这些清规戒律，既侵犯了农民的土地所有权和使用权，也阻碍了土地资源的有效利用。

其次，农民的宅基地虽然按宪法规定，属于农村集体所有，但它是农民祖祖辈辈安身立命之本，农民享有永久性的使用权是不容否认的事实。三中全会决议提出，要"保障农户宅基地用益物权，改革完善农村宅基地制度，选择若干试点，慎重稳妥推进农民住房财产权抵押、担保、转让，探索农民增加财产性收入渠道"。这为农民转让宅基地使用权和闲置房产产权提供了政策依据。但在实施中，仍有许多障碍。例如有一种说法，农

民转让宅基地只限对本地农民，不能转让给城市和外地居民。这样的规定不仅不合理，侵犯了农民的合法权益，而且会阻碍土地的有效利用和增值。如果农民在城市落户了，出让闲置的农村宅基地或房产为购买城市住房筹资；城市居民希望到农村休闲度假或开拓农村市场，愿意购买农民闲置的房产；农民得到收入，城市居民得到住房，土地资源得到有效利用，为什么不行？

随着城市化的推进，迄今已有几亿农村人口转变为城镇常住人口。未来这一趋势仍将持续。随着城镇社保和公共服务逐渐完善，必然有越来越多的农村人口市民化，也有越来越多的农村住房和宅基地闲置。这是一笔巨大的潜在财富，但目前被浪费了。允许农民转让并获益，就增加了他们的财产收入，支持了他们在城镇安家立业，并盘活了一笔巨大的资产。对城乡居民、对经济发展、对整个社会，都是天大的好事。政策应该积极促进，而不应横加阻拦。

第三，关于农民的农用承包地，也需要促进市场化流转。大量农民进城，农用地大量闲置。只有通过土地流转，才能做到土地有效利用，防止抛荒，并促进规模化经营，采用现代化耕作方式。这是实现农业现代化、提高农业效率的必要条件。这方面目前阻力较小，农村已有约1/3的土地发生了流转，集中到农业大户或公司经营。但很多地方还没有完成土地确权颁证工作，土地流转不规范，纠纷多，农户权益缺乏保证等情况常常发生。这些是需要进一步改善的。

目前有些地方政府对土地流转的态度，是以财政补贴鼓励公司下乡，搞大规模土地经营，动辄几千亩、上万亩。但已经有不少失败的案例，有的是公司用完补贴后经营亏损、难以为继；有的是以农业开发为名变相搞房地产开发牟利，导致耕地抛荒；两种情况下农民利益都难以得到保证。其中也不乏权钱交易、滥用公共资源的腐败现象。我国过去的经验证明，农业一般来说不适合采用大规模种植园的经营方式，农业大户经营也应规模适度，通常几百亩地的规模可能更合适。规模更大而成功的例子也有，但对大规模资本下乡需要慎重行事。

开放土地市场会带来哪些变化？其一，农民可以通过农村集体获得市场价格允许的土地收益，而不仅限于征地补偿，因而保护农民的合法权益不受侵害。其二，一个地方的土地从供方独家垄断变为多元化的供方与需方间的关系，地价由竞争性的市场决定，有利于降低过高的地价和房价，减轻中低收入居民和普通消费者的负担。其三，市场配置土地资源与供需双方的利益挂钩，将使闲置土地得到有效利用，大大提高土地资源使用效率，减少行政手段分配带来的土地浪费和低效利用。其四，由市场配置资源替代政府配置资源，大大减少了官商勾结、权钱交易的机会，有利于减少腐败，改善收入分配。

还要看到，开放土地市场并不能解决所有的问题，还可能出现一些新的问题。但这不能成为不改革的理由，需要在开放土地市场的同时寻求解决问题的方案。

一个问题是地方政府收入会减少。当然，在未开放土地市场的情况下，地方政府土地出让收入自2015年以来已经趋于下降。这是需求减少、用地结构变化、征地拆迁补偿成本上升等因素综合作用的结果。如果一部分建设用地不通过政府征用和拍卖，政府的土地收入会进一步减少。解决这个问题，要从节流和开源两方面入手。

所谓节流，就是减少不必要的政府支出。过去财政纪律不严格，制度有漏洞，导致财政资金利用效率偏低，浪费和流失很大；尤其是"三公消费"和行政管理支出过多。土地出让收入的这些问题更加突出。此外，大量低效或无效的政府投资，也浪费了很多资金。这与中央对地方的专项转移支付过多、一般转移支付不足也有直接关系。因此节流潜力巨大，通过改革财政体制、强化财政纪律、改善支出结构，可以大幅度提高公共资金使用效果，减少浪费，在很大程度上抵消土地收入的减少。

所谓开源，是指以更规范合理的财政来源代替土地出让收入。其一，对少数超过合理居住需要的住房开征房地产税。其二，对城乡土地出让收益的暴利部分征收累进的土地增值税。其三，继续减少中央对地方低效率的专项转移支付，用于增加一般性转移支付，为地方公共服务提供资金来源。其四，通过税制改革调节收入分配，为地方公共服务筹资。

开放土地市场、减少政府征地有可能带来的另一个问题是使基础设施建设项目在获得土地过程中增加了麻烦，导致项目拖延，影响建设速度。为此，对于重要的基础设施建设项目，可以继续采用政府征地的方式，但对列入征地范围的投资项目需要严格审查。征地也应比照土地的市场价格给土地所有者以合理的补偿。同时社会也可以通过立法，对个别钉子户超出维护自身合法权益的范围，在重要基础设施项目建设中漫天要价，要挟、侵害公众利益的行为给予惩罚。土地的财产权和合法使用权都应受到法律保护不受侵犯，不过前提是其所有者或使用者不能滥用这项权利侵犯公众利益。

三、开放土地市场需有序推进

自十八届三中全会以来，全国有少数县级单位经过批准进行试点，对土地制度的市场化改革进行了探索。但这些试点单位规模偏小，代表性不足，而且试点内容有严格的限制，试点经验也没有及时总结和推广。这使全国土地制度改革的进展十分缓慢甚至几乎停滞。出现这种情况，原因在于相关部门对开放土地市场疑虑重重，不愿放手推进。其中一方面是有些人思想僵化不思变革；另一方面一些担心和疑虑也有现实的原因。因此必须对开放土地市场过程中可能出现的不良倾向有通盘考虑和有效的应对措施，防止误导改革。

以下可能的情况特别值得警惕：

第一，变相行政性征地拆迁。在各级政府政绩观和利益导向未根本理顺的情况下，有些地方政府有可能以开放土地市场为名，以行政力量参与或与某些开发商联手推动征地拆迁，低价格拿地，赶农民上楼。必须严格防止这种侵害农民利益的倾向出现。

第二，一哄而上，房地产再次过热。由于多元供方进入市场，会使土地价格下降。这有可能刺激一些开发商再掀起一轮大规模购地开发的浪潮，导致新一轮房地产供过于求、存量扩张。大量购地也会短时间大量增加农村失地人口，导致就业困难，影响社会安全。这种情况在货币宽松的条件下尤其容易发生。因此改革必须循序渐进，分步实施，并提醒业界充分认识风险。同时严守中性的货币和信贷政策，防止流动性过多助长房地产泡沫。

第三，集体所有权虚置，农民利益得不到保护。我国农业长期实行包产到户，多数地方的农村集体已名存实亡。村两委常常只作为政权在基层的延伸而存在，村民对村干部的监督很弱，村干部容易演化为独立于村民的既得利益者。在村集体与开发商的土地谈判交易中，村干部很容易被收买而倒向开发商一边，拱手出让农民利益，而农民一盘散沙，无人代言。这在过去征地开发中已常常出现。在开放土地市场的情况下，更须防止开发商过于强势、农民过于弱势或者村干部侵害农民利益。为此，各地应当建立土地交易平台，对土地交易进行严格监管。所有土地交易必须限制在平台内进行。各地政府必须承担责任，在交易中严守中立的监管者角色，特别要对农民利益是否得到保护进行严格监管和事后核查。上级和中央政府有责任对地方政府是否履行监管职责进行检查。

第四，土地无序开发，破坏耕地保护和国土规划。市场化会放开利益的诱导，土地的供需双方都可能有动机绕开耕地用途管制和国土规划，导致土地无序开发，使耕地保护和国土规划失效。土地交易平台也需要对此进行监管，发现问题，立即会同执法机关予以纠正。

四、结语

开放土地市场，将极大地释放土地资源的优化配置效应，成为推动经济增长和改善国民福利水平的重要动力。可以预计其重要性堪与过去三十年来数亿农村劳动力进城对经济发展的推动相比。

第一，开放土地市场将抑制地价过度上涨，使过高的城市房地产价格回归合理水平，有利于减轻中低收入居民的生活负担、促进中等收入群体扩大、降低城市商业服务业成本、促进居民合理消费。这些都将对启动内需，推动经济增长产生积极的作用。

第二，这将改变目前大量土地无偿划拨和低价供地的情况，矫正因土地价格扭曲带来的资源错配，减少土地资源浪费，增加其单位产出水平，从而提高土地使用效率。这些都会对经济增长发挥促进作用。

第三，目前农村有上百万个自然村，是历史上自然形成的，总体上布局分散，占地面积很大，土地利用效率很低。随着人口和劳动力不断向城镇迁徙，这些土地资源已经有相当部分出现了闲置。未来 20 年，随着城镇化率继续提高，目前的 6 亿农村人口估计还将有一半转变为城镇居民，在不发生大的政策失误的情况下，届时中国将进入高收入国家行列，城镇化率预计将达到 75% 以上。农村现有的集体建设用地和农户宅基地由于人口减少还将出现大量闲置。这一笔巨大而宝贵的潜在资源如果任其荒废，得不到有效利用，农村的凋敝是难以避免的。农村应当随着城镇化的进程而逐步重新规划整治，新农村建设势在必行。而事实证明，单靠行政力量推动整治，有可能违背和侵犯农民利益，强拆强迁，赶农民上楼，结果事与愿违。唯有开放土地市场，顺应农民意愿，让供需双方平等交易，才可能最大程度挖掘土地资源的潜在效率，使土地能够增值，农民能够得益，资源得到有效利用，从而带来农村繁荣，促进经济增长。

土地供给侧结构性改革大有可为

董祚继 [①]

　　供给侧结构性改革，是从供给侧入手，采用改革办法推进结构调整，使供给结构更好适应需求变化，从而激发经济增长动力，推动经济持续健康发展。在这里，要关注需求变化，但更要注重供给结构；要关注眼前增长，但更要注重长远发展；要发挥好政府作用，但更要注重培育市场机制，根本出路在于改革。

　　土地是基本生产要素之一，土地制度是国家的基础性制度，土地制度改革和创新在供给侧结构性改革中举足轻重。一方面，土地是其他要素发挥作用的平台和纽带，相关要素供给制度改革需要土地制度改革配合和支撑，比如，户籍制度改革需要农村土地制度改革配套，投资体制改革需要土地审批制度改革跟进，财政金融改革需要土地出让制度创新；另一方面，土地产权、土地利用和土地管理制度改革，如扩大土地权能、优化用地结构、降低用地成本、改革用地管制等，本身也能改善土地供给、释放资产潜能，促进城乡经济发展。可以说，土地供给侧结构性改革大有可为。

---

　　① 　本文作者为国土资源部调控和监测司巡视员

一、不辱使命，土地供给侧结构性改革扎实推进

土地集生产要素与环境要素于一身，兼有资源与资产双重功能，因此，处理好保障发展与保护资源、当前增长与可持续发展的关系，既是土地供给侧结构性改革的前提，也是土地供给侧结构性改革不同于其他改革的鲜明特点。国土资源部经过认真研究，在毫不动摇坚持尽职尽责保护国土资源、节约集约利用国土资源、尽心尽力维护群众权益的工作定位的同时，主动适应经济发展新常态，围绕供给侧结构性改革，全力做好相关工作。

（一）围绕"三去一降一补"创新用地政策

把去产能、去库存、去杠杆、降成本、补短板作为重点任务，是推进供给侧结构性改革的应有之义。国土资源部门也把服务"三去一降一补"作为重中之重。

围绕去产能，加强和改进土地供应。国土资源部在近年来已有举措基础上，今年又进一步制定《关于支持化解钢铁煤炭行业过剩产能实现脱困发展的意见》，从多方面促进"去产能"。一是严格控制新增产能用地。对新建项目、新增产能的技术改造项目和产能核增项目，一律不予受理用地预审；对未按国家规定核准、备案的产能严重过剩行业新增产能项目，不得安排建设用地计划，不得通过农用地转用、土地征收审查和办理供地手续。二是支持盘活土地资产。产能过剩退出企业涉及的国有土地可交由政府收回，政府收回国有土地使用权后的出让收入，可通过预算安排，支付退出国有企业职工安置费用；也可由企业自行处理，在符合规划和转让条件的前提下，允许土地使用权人分割转让土地使用权，涉及原划拨土地使用权转让的，经批准可采取协议出让方式办理用地手续。三是支持兼并重组。兼并重组、转产转型企业的土地，涉及改变用途的，经批准可采取协议出让方式办理用地手续，转产为国家鼓励发展的生产性服务业的，5年内，可以继续按原用途和土地权利类型使用土地。另外，还就妥善处理历

史遗留用地、促进产业转移和产能置换等提出了支持意见。总体上看，《意见》坚持政府调控和市场调节相结合，注重调动地方与企业的积极性，因地制宜引导过剩产能主动退出。最近，国土资源部再次发出通知，除重申新增产能的钢铁煤炭项目不再受理用地预审外，对尿素、磷铵、电石、烧碱、聚氯乙烯、纯碱、黄磷等过剩行业新增产能以及不符合《石化产业规划布局方案》的新增炼化项目等，均不再受理用地预审。

聚焦房地产去库存，强化住房用地调控。将房地产去库存与推进新型城镇化相结合，因城施策、分类调控。下发《关于进一步做好新型城镇化建设土地服务保障工作的通知》，强调综合考虑房地产去库存和加快农民工市民化进程，有保有压、优化结构，合理安排房地产用地供应；房地产库存压力过大的城镇要减少以至停止商品住房供地，农民工市民化进程较快、房地产去库存成效突出的城镇，要充分发挥土地收储的作用，合理增加住宅用地供应面积；允许尚未开工房地产项目用地按照有关规定改变用途，用于棚改安置房和公共租赁住房建设；鼓励以各类住房配建、现有非住宅用地改变用途等方式，支持发展住房租赁市场。《通知》同时提出，坚持以人定地、地随人走原则，建立城镇建设用地增加规模同吸纳农业转移人口落户数量挂钩机制，依据新增用地标准和上一年度进城落户人口数量，合理确定城镇建设用地增加规模，保障农村转移进城落户人员的用地需求，促进土地城镇化与人口城镇化相协调。除一线城市和供需紧张的二线城市增加住宅用地尤其是商品住房用地供应外，其他市、县从严控制新增住宅用地，2016 年住房用地供应计划不得高于前 5 年年均实际供应量。上半年，全国房地产用地供应 4.56 万公顷，同比下降 2.9%，与近 5 年同期均值相比减少 26.5%。局部地区土地市场出现回暖迹象，带动全国土地出让面积和合同价款呈"双增"态势，同比分别增加 0.1% 和 24.8%。

创新土地供应政策，降低企业用地成本。最近一年来，国土资源部在积极参与党中央、国务院研究出台一系列产业支持政策的基础上，又牵头或配合相关部门出台了十多项支持产业发展的用地政策，特别是出台了

《关于支持新产业新业态发展促进大众创业万众创新用地的意见》和《关于支持旅游业发展用地政策的意见》。在这些文件中，降低用地成本是主要政策取向，包括完善土地出让方式，防止企业用地价格过快上涨、加重企业用地成本；创新企业用地模式，鼓励采取长期租赁、先租后让、租让结合等出让方式；鼓励使用存量土地和荒废地，对利用存量土地、荒废地开展技术改造项目的企业，加大土地政策支持力度，促进企业转型升级。上半年，全国存量建设用供应占土地供应总量的 63.9%，存量建设用地供地比重明显提高；国有建设用地供应总量 20.15 万公顷，同比下降 2.3%，下降幅度比去年同期收窄 19 个百分点，其中工矿仓储用地同比增加 7.9%，由负转正，显示工业用地需求有复苏迹象，也表明一系列支持实体经济的用地政策取得了效果。

制定超常政策，全力助推脱贫攻坚。结合土地管理职能，有针对性提出 8 项具体措施，加大脱贫攻坚支持力度。592 个贫困县每县增加建设用地计划指标 40 公顷，已全部落实到位。安排土地整治工程和项目、下达高标准基本农田建设计划和补助资金时，进一步向贫困地区倾斜。积极研究资产收益分享问题，对在贫困地区开发水电、矿产资源占用集体土地的，探索给予原住居民集体股权方式进行补偿。制定《关于用好用活增减挂钩政策积极支持扶贫开发及易地扶贫搬迁工作的通知》，对于易地扶贫搬迁的，允许增减挂钩节余指标在省域范围内使用。

抓住关键环节，严密防范土地管理领域风险。加强信访工作，做好与全国信访信息系统的互联互通，开展国土资源信访积案攻坚，开展"国土资源信访基础业务规范年"活动。规范土地抵押，与财政部等联合下发《关于规范土地储备和资金管理等相关问题的通知》，明确不允许各地向银行业金融机构举借土地储备贷款，化解潜在金融风险。

（二）推进改革攻坚，着力释放土地资源资产潜力

在做好"三去一降一补"的同时，国土资源部门还按照供给侧结构性改革的内在要求，围绕结构性、机制性痼疾，着力推进改革攻坚。

进一步改革审批制度，提高用地审批效率。持续推进简政放权、放管结合、优化服务，今年新取消 1 项行政许可事项和 2 项中央指定地方实施行政许可事项。截至目前，已取消和下放 31 项行政审批事项，减少比例达55%。加强事中事后监管，指导地方把下放的权力接住用好，为基层和企业提供优质高效服务。把加快重大项目用地审批作为重中之重，采取特殊政策，开辟绿色通道。上半年，全国批准预审项目同比增加 69.2%；完成22 个铁路项目和 18 个重大水利项目用地预审，分别占全年拟新开工项目的49% 和 90%，重大基础设施项目用地得到充分保障。

改进土地利用规划计划调控，完善用地结构和布局。调整完善《全国土地利用总体规划纲要（2006—2020 年）》，统筹安排各区域各类用地，有效保障"十三五"发展用地。重点围绕"一带一路"建设、京津冀协同发展和长江经济带建设，优化用地配置，促进国家重大区域发展战略实施。改进土地利用计划编制下达方式，实行三年滚动编制、分年度下达，扩大地方自主用地配置空间。

多措并举挖掘用地潜力，稳定土地供应。加大闲置土地处置，对去年专项督察清查出的 7 万公顷闲置土地，继续采取有效措施，逐步消化和处置利用。截至 6 月底，已处置完毕 6.45 万公顷，处置比例达 92.2%。完善土地利用机制，规范推进城乡建设用地增减挂钩、工矿废弃地复垦利用和城镇低效用地再开发，因地制宜推进低丘缓坡地开发。今年全国安排新增建设用地计划比去年减少 9.4%，同时安排城乡建设用地增减挂钩计划 6.67万公顷、工矿废弃地复垦利用计划 3.33 万公顷，保证了土地供应稳定。

积极稳妥推进农村土地制度改革三项试点工作。坚持以处理好农民与土地关系为主线，鼓励在坚持正确方向、坚守改革底线的前提下，大胆探索，勇于实践。联合财政部制定《农村集体经营性建设用地土地增值收益调节金征收使用管理暂行办法》，联合银监会发布《农村集体经营性建设用地使用权抵押贷款管理暂行办法的通知》，联合人民银行等部门制定《农民住房财产权抵押贷款试点暂行办法》，保障和促进农村土地制度改革三项试点深入推进。集体经营性建设用地入市试点进展顺利，截至7月底，15个试点县（市、区）共有161宗约166公顷农村集体经营性建设用地入市，总价款达32亿元，在实现"同权同价、流转顺畅、收益共享"的目标上取得初步成效。宅基地制度改革试点取得积极进展，有效维护了农民宅基地用益物权，促进了美丽乡村建设、脱贫攻坚、移民搬迁。土地征收制度改革试点，已由配套制度政策研究制定转入实践操作。

二、着眼长远，持续释放土地供给侧结构性改革红利

供给侧结构性改革要解决的是结构性问题，要处理的是深层次利益矛盾，要突破的是制度机制障碍，因此，改革不可能毕其功于一役，必须持续推进、久久为功。土地供给侧结构性改革，在继续发挥部门职能作用，助力去产能、去库存、降成本、补短板、防风险的同时，应着眼长远、统筹谋划，重点围绕拓空间、调结构、转方式、促改革，不断推进土地管理创新，持续释放土地制度红利。

（一）拓空间

我国发展进入新阶段，土地供需关系呈现新特点。一方面，城镇化和新农村建设持续推进，区域发展、民生建设力度空前，用地需求刚性增长难以根本逆转；另一方面，不少地方资源环境承载力接近极限，严守耕地和生态保护红线导致土地供给刚性约束不断强化。显然，通过外延扩张增加建设用地的老路已走不通，必须寻找新途径、新办法。

规范推进城乡建设用地增减挂钩，向结构优化要空间。增减挂钩有力推动了农村人居环境整治和城乡统筹发展，还为扶贫开发、生态移民等提供了重要手段。目前全国村庄用地达2.5亿亩，人均达229平方米，可整治土地1亿亩左右，增减挂钩的潜力和作用依然巨大。宅基地整治复垦要切

实尊重农民意愿，严格保护传统村落和农村风貌，完善增值收益形成与返还机制。

　　稳妥推进低丘缓坡土地综合利用，向布局调整要空间。我国山地、丘陵面积占到陆域国土面积近 7 成，其中坡度相对平缓、适宜产业利用的土地很多，科学开发利用意义深远。要与新型城镇化和产业布局优化相衔接，选择资源环境承载能力适宜地区，实行统一整治、分批供应、适当降低占地成本；创新利用方式，尽可能依托自然地貌和山水资源发展适宜产业，实现景观资源利用与自然生态保护相统一。

　　积极推进工矿废弃地复垦利用，向废弃资源要空间。一些地方针对历史遗留工矿废弃地数量大、治理难，综合运用矿山地质环境治理恢复、矿业用地方式改革、复垦土地与新增用地相挂钩等政策机制，全面推进复垦利用，显示出良好效益。我国矿山土地复垦率已由"十五"时期不足 5% 提高到目前的 26.7%，但与发达国家 80% 以上的复垦率相比仍有很大差距，复垦利用潜力巨大。废弃土地复垦利用，关键是创新政策机制，因地制宜确定开发利用方向。

　　统筹地上地下空间开发，向立体开发要空间。我国城市地下空间开发利用程度远远低于发达国家水平，主要制约因素是地下地质状况不清、防灾减灾措施不力、地下空间产权制度缺乏。要把地下空间开发作为向地球深部进军战略科技的重要组成部分，加大地质勘察力度，开展防灾减灾技术攻关，完善地下空间产权制度，促进地下空间开发利用。

（二）调结构

　　我国城镇用地中，工矿仓储用地占 28.0%，东部地区这一比例更达到 31.98%，远远高于发达国家城市工业用地占比。如纽约 1988 年工业用地占比是 7.5%，大阪 1985 年是 14.5%，东京 1982 年是 2.5%。另外，我国公共管理与公共服务用地占城镇用地的比例也达到 12.5%，远远高出国标要求。过高的工业用地和公共管理用地占比，是城市产业结构和用地结构不合理的表现，但也为结构调整、产业升级储备了大量建设用地。推动城镇用地结构调整，是土地供给侧结构性改革的主战场。

要降低产业转型升级门槛。比如，对传统工业转为先进制造业或与生产性服务业融合发展、工业企业和科研机构整体或部分转型为生产性服务业、兴办创客空间、发展"互联网+"业务的，可给予一定的转换过渡期，过渡期内土地原用途和权利类型保持不变。在一定时期内允许继续按原用途和权利类型使用土地，可有效降低企业经营成本，促进新产业新业态发展。

要拓宽产业发展空间。比如，现有制造业企业通过提高工业用地容积率、调整用地结构增加服务型制造业务设施和经营场所，其建筑面积比例在原总建筑面积一定比例内的，可继续按原用途使用土地。提高容积率、增加服务业用地等，可有效拓宽产业空间，对传统产业升级改造无疑具有一定牵引作用。

（三）转方式

我国产业用地成本在过去较长时期内总体处于较低水平，这是我国工业品在国际市场上具有价格优势的主要原因之一，但是这种成本优势正在日益缩小。遏制产业用地成本过快上升，应作为供给侧改革的重大课题，除了多渠道拓展建设用地空间、控制征地拆迁成本不合理上涨外，关键是转变土地供应和利用方式。

加强精细化管理，实行个性化供地。比如，属于研发设计、勘察、检验检测、技术推广、环境评估与监测的项目，可按科教用途落实用地；属于水资源循环利用与节水、新能源发电运营维护、环境保护及污染治理、通信设施的项目，可按公用设施用途落实用地；属于产品加工制造、高端装备修理的项目，可按工业用途落实用地；新业态项目土地用途不明确的，可经相关部门论证，向社会公开后实施。上述产业和机构用地过去大多笼统按商服用途对待，细化用途后，科教、公用设施用途实行划拨供地，工业用途在地价上也远低于商服用地，从而显著降低用地成本。

加强差别化管理，体现多样性需求。比如，鼓励以租赁方式或先租后让、租让结合方式供应土地，实行先租后让、租让结合的项目，需以招标拍卖挂牌方式供应土地的，可在租赁供应时实施招标拍卖挂牌程序，租赁期满符合条件拟转为出让土地的，可以协议方式办理出让手续。按照租赁方式供地，可减轻中小企业一次性缴纳土地出让价款的资金压力，对规模不大、企业存续期较短的企业十分有利；先租后让、租让结合方式较好适应有一定竞争实力但市场前景尚不明朗的新产业企业的用地特点，也有利于节约集约用地。

加强产业用地调控，促进混合式利用。比如，鼓励开发区、产业集聚区规划建设多层工业厂房、国家大学科技园、科技企业孵化器，供中小企业进行生产、研发、设计、经营多功能复合利用，标准厂房用地按工业用途管理，科技园、孵化器实行只租不售、租金管制、转让限制的，其用地可按科教用途管理；单一生产功能的开发区、产业集聚区，可按照统一配套、依法供应、统筹管理的原则，适当安排土地用于商品零售、住宿餐饮、商务金融、城镇住宅等建设。土地多功能、混合式利用，不仅可发挥土地复合利用效益，也可整体降低用地成本，提高企业竞争力。

（四）促改革

土地管理制度改革创新的空间很大，近期应着力在农村土地制度、土地用途转用许可制度、空间规划制度等方面改革取得突破。

稳慎推进农村土地制度改革三项试点。结合农村土地制度改革三项试点进展情况，加强对试点地区的工作指导和督查，鼓励试点地区在坚持正确方向、坚守改革底线的前提下，大胆试、大胆闯，拿出可复制、能推广、利修法的成果。农村集体经营性建设用地入市改革进展较快，下一步应当在规范入市范围和途径、平衡不同区位和用途土地增值收益、统筹入市与征收改革等方面加大探索力度。农村宅基地制度改革涉及面广、利益关系复杂，目前争议比较大，下一步改革的关键，是集中探索赋予农村宅基地哪些权能、宅基地流转应限定在什么范围、宅基地抵押风险如何化解、宅基地有偿使用的范围和条件、闲置宅基地退出的权利保障等。土地征收制度改革面临较大困难，下一步应针对改革难点进行攻关，深入探索如何界定公共利益用地、缩小土地征收范围，如何保障群众民主权利、规范土地征收程序，如何完善被征地农民保障机制、合理分配土地增值收益，归结起来，就是既保障被征地农民分享现代化成果，又保证国家建设顺利推进。

着力推进土地审批制度改革。我国现行土地审批制度是依据1998年修订的《土地管理法》有关规定建立的，主要包括农用地转用审批、土地征收审批和建设项目用地预审等制度。近年来土地审批制度改革取得一定进展，但仍然存在审批环节偏多、审批层级偏高、重复审查较多、审批难度增大等问题和困难。下一步深化土地审批制度改革，是合并农用地转用审批、建设项目用地预审和城市规划许可，建立统一的"土地用途转用许可"制度，在此基础上，建立国务院及其土地行政主管部门负责建设用地总量管控、省级以下地方政府负责土地征收审批的基本制度。

积极推进"多规合一"。据不完全统计，我国具有法定依据的各类规划有80多种，没有法定依据、由各部门各地区自行组织编制的规划更是难计其数。"多规"并立总体上弊大于利：横向看，规划种类日益繁杂，自成体系、决策分散、相互掣肘，影响管理效率和社会效率；纵向看，规划层级日益增多，内容趋同、职能不清、事权错配，影响到空间政策的统一性和有效性；规划决策中部门色彩浓厚、领导干预过多，随意修改规划现象大量存在，影响到规划的权威性和严肃性。改革规划体制、推进"多规合一"势在必行。推进"多规合一"，应当正确处理政府与市场关系，合理确定空间规划与发展规划的功能定位，强化空间规划对空间用途的约束性作用和发展规划对宏观经济的导向性作用，建立空间规划与发展规划相对独立、功能互补的国家规划体系，既激发经济发展活力和动力，又保障国家生态和粮食安全。

农村宅基地制度改革透视

——晋江市砌坑村案例剖析

唐健[①]

　　晋江地处福建东南沿海，陆域面积 649 平方公里，海域面积 957 平方公里。1992 年撤县设市，辖 13 个镇、6 个街道，393 个行政村（社区），户籍人口 110.8 万，外来人口 130 万，县域经济基本竞争力排在全国第 5 位，是著名侨乡。2015 年 2 月，晋江市被列为全国农村宅基地制度改革试点，6 月份，国土部批复实施方案，正式开展农村宅基地制度改革试点探索。本次宅基地制度改革在坚持"土地公有制性质不改变、耕地红线不突破、农民利益不受损"三条底线的基础上，在"改革完善农村宅基地权益保障和取得方式、探索宅基地有偿使用制度、探索宅基地自愿有偿退出机制、完善宅基地管理制度"四方面进行探索。

　　砌坑村位于晋江市内坑镇西北部，西接国道 324 线，南临晋江动车站，交通便利，距泉州市 30 公里。全村土地面积 2834 亩，村庄面积 833 亩，耕地面积 1360 亩（基本农田 1176 亩）。20 世纪 90 年代时，农民宅基地面积标准是 280 平方米，现在减为 150 平方米。全村 3979 人，954 户，14 个村民小组，华侨 200 多人。村民以打工和做生意为主业，农地全部流转给农业企业搞规模化经营。全村一半以上的人常年在外做生意，其中 1000 人集中

---

　　① 本文作者是国土资源部中国土地勘测规划院地政中心主任

在云南。砌坑村既不是城边村，又非远郊村，而是介于两者之间的农、工兼具的村庄。

一、砌坑村宅基地使用与管理的现状

1. 一户一宅为主，一户多宅与多户一宅并存

砌坑村共有宅基地 1140 宗，一户一宅 716 户，占比 75.28%，一户多宅 56 户，占比 5.88%，多户一宅 179 户，占比 18.82%；在总宗数中，未批先建的 233 宗，占比 20.43%，有用地手续的 907 宗，占 79.56%，少批多建的 108 宗，占比 11.90%。绝大多数村民都是一户一宅（75%）并有用地手续（80%）。

2. 还有个别村民初次分配未得到保障

从 2005 年开始，晋江市在市区规划控制区内，不再审批新增宅基地，村民建住宅都是利用村内空闲地、废弃地。10 年时间，该村积累了约 50 户新增需求没有得到满足。

典型无房户新申请建房案例。姓李的女性村民，今年 49 岁。申请了 5 年宅基地都没有获批，现借住在大哥的旧房中。有两个儿子，大儿子 27 岁，大学毕业后在福州工作，小儿子在上海打工，她和丈夫都在外务工，由于申请宅基地建房的事，最近一直没有外出打工。因为已经等了 5 年未果，对靠村里无偿分配取得宅基地已经不抱希望，就花费 4 万元从村里有多余房子的人手里，买了 300 平方米的宅基地准备建房。但是，由于事前没有充分了解村庄规划的限制条件，买后发现自己买的那块地不符合村庄规划，不能建房，只要一开工，就会有执法人员制止。觉得自己下手晚了，其他人 2009 年左右陆续建好房子。

3. 村民旧村改造积极性很高，在政府的支持下进行新农村建设

该村作为全市 20 个美丽乡村示范点之一，2006 年开始进行新农村建设（旧村改造）。在新农村建设中，按照"政府引导、统筹规划、多元投入、群众主体"的原则，运作模式可以简单地概括为：村里进行统一规划、统一建设，启动资金由政府新农村建设专项资金垫资，旧村有偿腾退与新居有偿使用结合，对区位和户型有偏好的农户先付费、多付费，村里再将收到的购房款补偿给选择户型和区位都较差的拆迁户。一期有偿退出政府投入 1200 余万元，拆除房屋 196 座，面积 69919 平方米，建成 67 栋安置楼和 3 栋 5 层 56 套安置房。2010 年 10 月入住新房。前期部分启动资金由政府拨款（150 万元左右）和村民筹资，建成后，政府再按 37.5% 予以补助。一期改造时建设沿街的三层楼，当时村民只交 20 万元就可以买下，现在市场价格已经上涨到 60 万—70 万元。

2015 年与宅基地制度改革结合启动二期改造，二期三期拟退出石结构房屋总面积 2.6 万平方米，退出后拟建高层住宅楼 5 栋、连体安置楼 20 栋，建成后可安置有偿退出 209 户，已完成拆除废旧宅基地 35 宗，签订退出协议 96 户，现已建成 1 栋 15 层高住宅楼，面积 6620 平方米，安置 39 户。补偿参照征地补偿标准 300 元 / 平方米。总补偿金额 230.3 万元。参照一期项目，确定安置户后，由安置户缴交的购房款来补偿退出的农户。

政府每年投入资金用于新农村建设，对新农村建设试点村，改造完成后给予投入资金量的 50% 作为补贴，而一般村庄仅为 37%。该村是新农村建设试点村，所以得到政府的补贴较多，用村主任的话说，即"越花越有钱"。

二、砌坑村宅基地制度改革的探索及村民的认知

1. 成立村民理事会，发挥村民自治组织的作用

发挥村民自治组织的作用，是宅基地制度改革试点的一项重要内容。

砌坑村成立了村民事务理事会，专门负责宅基地管理工作，村民事务理事会由民主选举产生。理事会由36名成员组成，包括村民代表、村委及党员、代表等。建立了理事会工作制度，先后召开了3次理事会，通过了"一制度三办法"，即村民理事会制度、集体成员资格认定办法、宅基地有偿退出办法、宅基地有偿使用办法。理事会成员义务为村民服务。在宅基地退出和旧村改造过程中，理事会及其成员的主要工作是确定相关规则，入户宣传宅基地退出和旧村改造，向农户说明宅基地退出和旧村改造的好处，并直接与农户协商补偿标准。

在宅基地退出和旧村改造过程中都尊重了农民的意愿。比如，旧宅基地退出的补偿标准，新住房的规划设计方案由村民理事会成员与设计单位探讨形成初稿，再征求村民意见；宅基地退出的补偿标准则由村民事务理事会民主协调表决通过。

2. 探索宅基地有偿使用，村民支持意愿不高

中央要求试点地区探索有条件的宅基地有偿使用，符合分配条件的农户，首次规定面积内无偿取得；因历史原因形成的超标准占用和一户多宅等多占用资源的情形，以及非本集体经济组织成员由于继承房屋占有农村宅基地实行有偿使用。

砌坑村村民对宅基地有偿使用，基本上持不情愿态度。他们认为，现在形成的宅基地超标占用，有些当时是默许的，也有些超标、多占是由于家庭人口多、尚未分户造成的，分户后即可解决超标占用问题。我们的试点办法虽然规定，宅基地有偿使用费由村集体收取、村集体支配，用于村庄公共基础设施建设，与九十年代农村宅基地收费用于颁证、测量等政府规费完全不同，但村民还是认为是政府要收他们的钱。还没有认识到收取有偿使用费是为了公平地使用宅基地，会对他们有好处。部分村民对每年收取一定的有偿使用费持强烈反对态度，认为宅基地是村集体所有，是自己的土地，不应该让他们交费。对有偿使用费一次性缴纳基本能够接受，

但作为缴费的交换条件，要与完善用地手续、发放权属证书结合起来。村集体和国土部门认为，批少占多、未批先建、一户多宅问题较多，情况复杂，时间跨度大，有些很难进行权属认定，需要制定分类处置标准后才能制定有偿使用的标准，担心违法用地违法建房借宅基地制度改革可以转正而误导舆论。

3. 探索宅基地有偿退出，与新农村建设结合

试点中允许农民可以转让、出租等方式在本集体经济组织内部自愿有偿退出或转让宅基地，受让人、承租人应为本集体经济组织内部成员。同时，村庄内部退出的宅基地首先预留用于集体内部宅基地再分配，其余按照规划通过土地整治后，可在县域范围内统筹使用。

砌坑村村民退出宅基地意愿不强。一是老百姓对祖宅、祖屋有着难以割舍的感情，尤其是闽南地区宗族意识强，对老房子即使不居住也不会轻易退出；二是砌坑村区位优越，离泉州市、火车站等都不远，即使外出打工做生意，一个小时车程就能赶回家；三是对未来可能发生征地，会得到很高的补偿的预期。

对大家普遍不愿意退出宅基地的现象，砌坑村采取的办法是，在新农村建设中，村内统一规划建设新房子，申请新住宅的前提必须退出老宅基地，老宅基地退出与安置新房结合。资金来源于新农村建设资金及村民自筹，实现了宅基地制度改革与新农村建设的有机结合。

三、案例分析及改革试点评价

1. 坚守耕地红线和按规划用地的理念深入人心

二十世纪八九十年代，农村土地管理比较混乱，宅基地超占、没有合法用地手续等较为多发。随着耕地保护、节约集约用地观念的深入，晋江市加强了农村宅基地管理，目前村民建房的宅基地面积标准不超过150平

方米。同时建立健全了"市、镇、村"三级巡查网络，试点中，该村专设了宅基地信息管理中心，与现有的社会治安监控体系整合，共设有103个监控探头，对村庄全域尤其是基本农田保护区域进行实时监控，对违法建房行为早发现、早报告、早制止。农村建房中的违法现象大大减少。

2. 村民私下流转宅基地时有发生，农民宅基地财产权事实存在并得以显化

由于土地利用规划的限制以及计划指标的约束，个别村民达到了分配宅基地的条件，但是并未能得到允许建房。在长期无法满足建房需求的情况下，无房户和有多余宅基地的农户达成私下买卖协议，解决住房需求。在旧村改造过程中发生过村民之间在宅基地选位、选户型为目的的宅基地买卖交换的案例。民间的宅基地有偿流转事实存在，农民宅基地用益物权中的收益权能实践中已经实现。

3. 村民自发的改造与政府支持结合

农村居住条件差，布局混乱，各项生活配套设施不健全，村民改善居住环境的需求就是宅基地制度改革的内生需求。通过旧村改造的方式，推进了宅基地的退出。同时，在退出后选择新居时，又是通过有偿使用、有偿选择更好的区位、更好的户型、临街的独居别墅的方式，实现了宅基地的有偿使用。农民自愿出一部分钱，政府补助一部分，改善生活条件和居住环境，对这样的内生性需求，政府的作用就是做好制度设计，通过制度政策引导，而不是进场操作，让农民自己做出选择，实现宅基地退出、旧村改造的目的。这种"政府引导、集体统一规划、村民主体、自愿参与"的做法，虽然看起来步子慢些，但却可以走得更远，避免"运动式"改革。有偿使用和有偿退出相结合，宅基地制度改革中的难点依托旧村改造完成。村民希望政府能够加大资金扶持力度，解决水电、道路等公共设施和绿化的资金难题。

4. 通过旧村改造，实现了宅基地总量控制下的村庄更新

农民取得宅基地的方式，不再仅仅通过新增建设用地无偿分配，还可以通过旧村改造、利用存量再开发的方式，由原址老房子搬迁到新址建筑结构新质量高的独居式别墅，改善生活质量，从而在不增加村庄建设用地总量的情况下，满足了农民建新房的需求，改善农村居住环境。通过宅基地有偿使用，阻断村庄建设用地不断外延的势头，固化现有宅基地范围。

5. 宅基地退出的目的定位于改善农村人居环境

砌坑村旧村改造一开始，就把目标定位于村庄环境改善，而不是通过旧村改造、农民上楼，将节余建设指标交易到城镇，而是用于本村的绿化、拓宽道路、建设活动广场等，保留村庄风貌，美化村庄环境。

6. 村民自治组织还难以独立发挥作用

改革中成立的村民理事会，成员主要来源为村两委成员和村民小组长。理事会负责宣传和推广农村宅基地制度改革，但大部分理事会成员对宅基地制度改革内容不甚了解，参与讨论的文件草案基本由国土局撰写，相关政策文件也由政府部门起草。尽管与改革相关的村规民约经由村民讨论和理事会讨论通过，村民事务理事会开会时，一般是村干部和政府部门领导讲话，理事会成员基本不发言。就目前的状况，还难以独立承担改革的任务。

四、对宅基地制度改革的建议

1. 改革中鼓励差别化探索，既坚决守住底线，又坚持改革目标

晋江市宅基地使用和管理的特点有别于传统农区，同时又存在传统农区宅基地分配方面的欠账、村庄空心化的问题。作为全国百强县排名靠前的地区，及闽南人善经商的传统，加上传统的宗族意识，使其宅基地制度改革有别于其他地区。在改革试点过程中也应允许其做出具有自身特点的探索。离城市较近的良好区位，使其具备了升值潜力，加之未来会发生征地拆迁预期，使宅基地退出很难。在这样特点的地区搞改革应允许其进行具有自身特点的改革。改革目标设计时应考虑到差异性。不同地域应该提

供不同的改革措施和路径。发达地区的宅基地改革提供的经验与中西部应该不同，应该给地方留下差别化探索的空间。

2. 探索没有享受到无偿分配宅基地权益的农民，宅基地占有和使用可以不受空间规划和指标的制约

对由于村民建房产生的合理需求，上级要核减其耕地保护和基本农田保护指标。由于规划限制，村内无空闲地、无存量地可用于建房，造成少数村民宅基地需求没有得到满足。个别达到分户条件，尚未分配宅基地的村民通过私下交易解决了建房所需土地，但是由于不了解规划条件限制，不能建房。虽然农户自行解决了宅基地需求，也能够承担有偿取得的费用，但是，获得宅基地是农民的基本权益，要千方百计予以保障。对于真实的建房需求，允许试点地区调整土地利用规划，相应划减其耕地和基本农田保护指标，像城镇保障性住房、重点建设项目一样，调减耕保指标。

3. 政府做好制度设计，引导改革目标的实现

砌坑村的宅基地制度改革，可以认为是在政府新农村建设政策的引导下，村民自主、自发进行的宅基地制度改革。政府明确规定，进行新农村建设、旧村改造的，试点村给予 50% 的补贴，非试点村给予 37.5% 的补贴，改造启动时还可以部分垫资。村民自主规划、自主确定新村户型、补偿标准、分配标准，也可适当引入社会资本，包括大量富裕以后华侨的无偿资助，共同出资完成旧村改造、政府搭台、村集体和村民共同唱的一出戏。

4. 腾退指标用于农村发展

晋江在宅基地改造中，没有将指标拿到县城在县域范围内使用，而是留在本村发展，满足村民改善居住环境的需要，按照新农村建设的路径，政府和村民共同出资，实现了宅基地的退出。由此可以总结出，宅基地退出的结余的指标仍留在村内的模式，可供其他地方借鉴。

5. 培育村民自治组织

通过对已有的成功的自治组织案例的观察，发现成功的村民自治需要具备几个前提条件：一是有资金保障，无论是来源于政府还是企业；二是村集体内部的成员之间有共同的目标，相互之间合作的意愿比较大，即民风比较好，可以促进自主治理成功；三是集体的领导愿意承担很多为村民服务的义务，有搞好村庄建设的远大理想，带领大家一起实现集体的自治；四是建立了一套相对规范的村规民约，具备良好的冲突解决机制。同时具备上述条件，才能达到成功的自主治理。在宅基地制度改革中，还需对村民自治组织进行培育的引导作用，使其发挥村庄治理主体的作用。

增加土地供给，改变价格预期

——房地产价格走势与调控对策

孟万河①

近一年多来，一线城市房地产价格涨幅过大，"去库存"任务完成可能超过预期，但短期地价、房价的较大升幅，使广大城镇居民住房需求受到强烈刺激，"买涨不买落"的消费心态进一步显现；与此同时，一线城市和部分二线热点城区，因为担心新售地块成为"地王"，害怕进一步刺激房价和上级责问，转而停供、限供、缓供、慢供土地，供地指标远远落后于年初计划。影响房地产市场价格的供求两方，其基本矛盾反而进一步激化。

这样下去，究竟涨到何时，如何收场，备受各方关注。同时，这种局面也引发对宏观经济总体形势是否造成泡沫"堰塞湖"风险的担忧。如何破解，急待科学分析，精准判断，果断施策。

本文拟从房地产价格走势分析入手，提出如下调控对策：在尊重市场决定性作用的前提下，把房地产价格调控的重心放到供给调控上，房价和地价涨快了，就要多供地、多供房，同时辅之以必要的需求调控措施，如首付比例、按揭额度等，慎用加税手段，尽量不用限购等干扰市场信号的行政手段；既然供地主体是地方政府，那么供给调控的主体当然是地方政府，中央政府只有在宏观层面有手段，直接增加供给的责任必须落到地方

---

① 本文作者是中投汇沣置业有限公司总经理

政府头上，但这又牵扯到中央和地方财政事权的调整必须加快，以减轻地方政府以地生财的动力和压力；供给调控是中长期调控，土地一级开发是需要投入、需要时间的，这就需要地方政府施政行为长期化，在提高其对市场供需两方博弈前景的预估能力的同时，增加对地方政府考核评价的中长期指标；要重视结构调整、结构调控，什么类型的商品房短缺，就鼓励多供应什么类型的产品，少用总量调控手段，否则容易造成货币和财政政策的频繁变动，疲于应对；在具体调控措施选择上，应并重增量和存量，毕竟我国房地产业经过20多年大发展，不动产总量已很大，单靠增量调整，忽视存量流转，容易造成偏废；调控总是滞后的，现状随时在变，提高预估、预判水平，由调现状为主改进为调预期为主，是政府主管部门学习能力和适应水平的体现，也可以说，要以预期调控、动态调控为主，现状调控和静态调控为辅；房地产市场调控不仅是行业主管部门一家的事，货币和财政政策都有极大的激励约束作用，须综合施策，还有全社会心态及舆论环境的合理引导。

当前房地产价格走势总体向高。从深圳领衔的珠三角率先涨价，到北京为首的京津冀随后跟上，再到上海、杭州、南京为主的长三角普遍上涨。一线城市带头，二线城市跟进，三线城市尾随，其他城市蠢蠢欲动或已经启动。全国城市房地产普遍形成涨价预期。房地产去库存的同时，钢铁等建材却难以去产能。商品房销售火爆，存量大幅减少，而掌握土地一级市场的有关地方政府，却出现"惜售"心理和"惧售"行为。

造成这种状况的最根本原因，当然首先是市场的力量，"市场在资源配置中起决定性作用"，供求关系决定价格，供求严重失衡，供小于求极为明显，涨价是必然的。

但问题在于，土地一级市场的供给方在地方政府手里，所以调控房地产市场，政府的作用理应更容易发挥，对于全国房地产价格一片涨声、过快涨价，地方政府无所作为是不应该的。政府有关部门在"更好发挥政府作用"方面，还存在很大的改进空间。分析原因，恐怕一是在于有关部门和地方政府对中央政府推进供给侧结构性改革的总体部署，理解有偏差，对策有偏向，执行有偏重；二是由于对行业发展趋势和市场走势认识不到位，存在短期行为和机会主义倾向，定力不够，心态浮躁，怕担责任。

因此，正确认识现状，妥为选择调控工具，既尊重市场，又有所作为，就变得极为重要。

自1998年取消福利分房以来，城市商品房价格平均上涨超过10倍，很多楼盘价格增幅达到20倍甚至更多。毫无疑问，很多价格上涨有其合理因素：如弥补住房建设长期欠账、居民住房刚性需求（基本需求和改善性需求）长期压抑之后的报复性反弹；如作为基本生产要素的土地及其地上附着物的建筑物，在由第一产业的农业用地转为第二产业的工业用地、第三产业的服务业用地过程中，其自身价值及价格，由于产生了更高的生产效率，在市场中得到了更高的重新估值和溢价；如全国统一市场甚至全球统一市场的形成，使无论作为生产要素的土地还是人力资源，还是一般商品和资产，流动性大为增强，其定价基础和依据，与原来封闭市场环境下完全不可同日而语等等。

但无论如何，作为特殊商品的房地产，价格涨到如此程度，还是跌破了多少人的眼镜。作为政府管理部门，有责任进行合理调控。而且由于我国土地一级市场的供给主体是各级地方政府，是城市土地管理部门，所以，作为政府管理部门，比起其他市场化国家和地区来，也有能力调控得更有效果。

那么，是什么因素影响了对房地产价格的调控效果呢？最根本的原因，就是多数情况下，只重视了需求调控，忽视了供给调控，只重视了压抑需求，忽视了增加供给。所以，为今之计，必须从供给侧多用心，多着力，多作为。

首先是增加土地供给。截止到今年8月，北京、上海、广州分别供地325万、355万、133万平方米，与2016年供地指标1600万、1125万、868万平方米相比，只完成了20%、32%和15%。武汉、厦门、郑州分别供地 430 万、79 万、528 万平方米，只完成了年初供地指标的 32%、22% 和 17%。土地一级市场由地方政府掌握供给，供给短缺当然造成"地荒"，造成恐慌，造成涨价预期。正是由于政府"惜售"土地，才造成了所谓开发商"惜售"商品房。当然，地方政府供地短缺，有各种原因。有的是由于对形势判断失误，毕竟 2014 年曾经出现部分城市房价下跌，政府主管部门颇为紧张、担心过剩，对土地一级开发进行了收缩；有的是由于心有余而力不足，想多储备土地，但因为当年卖地较少，财力不逮；有的是因为有地不敢卖，怕出现新的地王而因噎废食，有鸵鸟心态；有的则把精力用到了策划"卖地捆绑经济适用房建设"，为了避免名义地价过高而搞掩耳盗铃。

但多数地方政府供地不足的原因，还是由于只熟悉需求调控的路径依赖。毕竟增加供给是需要中长期规划的，须未雨绸缪，费力劳神，不如需求调控来得痛快。限购多么简单，出个文件就有效。殊不知大家都限购还是市场经济吗？还是统一市场吗？这不是强化了本该加快改革以促进人力资源流动的户籍制度吗？就和开车限行一样，"限购"措施偶尔为之实属不得已，长期为之则是与"市场在资源配置中的决定性作用"相悖的。况且短期有效的政策长期无效，长期压抑的需求一旦爆发更加呈现"井喷"状态，2003 年、2007 年以及今年的房价"疯涨""普涨"，不就是前车之鉴吗？再者，消费者在博弈中会以对策消解政策，如离婚买房再复婚等，造成市场的极度扭曲，也使我国成为国际承认的"市场化国家"之路更加曲折漫长。

其次，增加供给的办法还有很多：促进增量房地产项目加快供应，加紧审批和施工，尽速推向市场；存量商品房要减少交易环节税费，进一步活跃二级市场；鼓励租房居住，引导空置房入市；部分由于电商发展而退出市场的商铺可以改造为居住用房和办公用房，等等。

再次，增加供给不能只在房地产上做文章。疏通投资渠道，为民间投资提供更多的投资方向，也是攸关宏观经济和全社会的大事。自住型需求对此较为刚性，而部分改善型和多数投资型需求，则比较容易转向更有发展预期的其他投资类型。应采取更多措施，鼓励提高消费品品质，满足城市中产阶级不断增长的物质文化需求；通过深化改革，使股市、债市、基金、银行、保险等对投资者更有吸引力；能源、电信、军工行业，及所有基础设施改造等公共产品类垄断性行业，也应全面向社会资本开放，让资金作为生产要素，充分流动起来。

多环节着手破除金融抑制，切实降低企业融资成本

徐艺泰[①] 邢兆鹏[②] 单景辉[③]

　　高储蓄率与高融资成本并存的结构性难题是我国当前供给侧改革在金融领域面对的重大挑战，特别是中小企业融资难、融资贵等典型问题反映了支持实体经济转型升级所需多样和高效的金融供给不足。2016 年 8 月，国务院发布《降低实体经济企业成本工作方案》（以下简称《方案》），对进一步推动供给侧改革，解决结构性融资难、融资贵问题指明了方向。当前推动金融领域供给侧改革，必须正确认识"旧金融"与"新供给"的主要矛盾，深化"放管服"，疏通金融体系经络，打造金融体系新供给，切实降低企业融资成本。

一、当前金融体系供给老化，是实体经济融资难、融资贵的根本原因

1. 供给抑制导致我国金融体系结构失衡

　　改革开放以来，我国金融体系已经发生了深刻变革，有力支持了 30 年高增长的中国奇迹，但金融抑制政策一直以来并未完全退出。当前我国金融抑制主要表现为金融服务业的市场准入管制、证券市场发行审核、新产

---

①　北京金融衍生品研究院院长
②　北京金融衍生品研究院高级研究员
③　北京金融衍生品研究院研究员

品新业务审批、利率和汇率等金融价格的行政管制、对银行信贷投放的行政干预等。

供给抑制导致金融发展失衡，结构扭曲，不仅推高企业部门融资成本，而且制约居民部门投资，人为制造了导致高储蓄与高融资成本并存的鸿沟。我国有世界上最大规模的广义货币供应、最高的国民储蓄率，但低效的金融体系难以将其转化为对实体企业的有效融资供给，金融供给的成本非常高昂。2015 年全部 A 股上市公司利润只有 2.48 万亿，其中 16 家上市银行的利润 1.27 万亿，占比超过一半。此外，金融供给扭曲还表现为间接融资比例过高，直接融资发展严重滞后；债券市场被人为割裂，发行标准不一；新股发行制度改革迟缓；金融机构集中度高，中小金融机构发育不成熟；风险管理金融供给严重不足，对系统性金融风险仅能被动防御，难以主动防控等等。近年来，僵尸企业、产能过剩、影子银行、房地产泡沫等无不与这种失衡的金融结构有重要关系。

2. "旧金融" 无法对接 "新供给"，阻碍经济转型

"新金融" 支持 "新供给"，"新供给" 创造 "新经济"。在当前总体边际要素投入回报不断下降的发展阶段，经济增长的新动能依赖于各类要素优化配置和效率提升，这要求有与之相适应的金融供给。但是，当前我国的金融供给中依然存在传统计划经济的影子，供给结构老化，服务于旧经济部门和基于行政配置、政府隐性担保运行的比例仍然非常高，服务于经济新供给的比例相对较低，这与促进经济转型、激励创新所需要的金融供给结构不相匹配。

结构性融资难、融资贵是金融供给老化的突出体现，以间接融资为主的、低风险偏好的金融结构难以支持经济转型升级。金融供给抑制导致以银行为主的间接融资体系过度膨胀。2015 年社会融资存量中，人民币贷款平均占比超过三分之二。银行信贷偏好国有企业、政府融资平台或房地产、重化工业和重资产行业等存在政府隐性背书和拥有 "硬资产"、对银行来说

"高信用等级"的企业部门。而这些企业软约束问题比较严重，利率敏感性低，对资金过度需求，从而导致低效率、低收益项目过度扩张，造成经济结构不断失衡和固化。广大中小微企业、新创企业、轻资产企业、科技企业等经济中最具有活力的部分从当前老化的"旧金融"供给可以获得的支持非常有限。因无法及时、足额获得正规金融市场融资，这些企业不得不借助民间借贷、P2P 等非正规方式融资，成本高昂。

二、深化"放管服"，才能确保金融供给侧改革落到实处

我国金融问题总体来看是供给侧问题，传统金融结构与新经济的不匹配，阻碍了经济的转型升级。党的十八届三中全会明确提出，"经济体制改革的核心问题是处理好政府和市场的关系，使市场在资源配置中起决定性作用和更好发挥政府作用，其关键就是转变政府职能"。要将金融供给侧改革落到实处，消除融资难、融资贵现象，推动经济转型和持续健康发展，关键在于紧扣"放管服"这个"牛鼻子"，理顺政府和市场的关系，简政放权、放管结合、优化服务。

第一，优化金融供给要求简政放权、放管结合，把握好"收"与"放"的度。从全球来看，金融监管总体上也存在"放松"与"收紧"的周期性过程，甚至也有过度放松与过度收紧的现象。我国金融领域的供给侧结构改革，总体上应当坚持简政放权的思路，但需要保持合理的监管力度，不能重蹈其他国家收放过度的覆辙，避免"放"的过程中监管不到位和风险爆发后监管仓促收紧，矫枉过正。放与管的度应掌握好，放管结合，否则可能导致市场过度膨胀甚至出现乱象，或者过度萎缩。例如，P2P 和私募基金行业，均在短短时间内经历了迅速扩张和急剧收缩，这对行业的平稳健康发展不利。

第二，理顺金融供给要敢于担当、勇于作为。各级政府部门都有其相应的监督管理职责，这既是其拥有的权力，也是其需要承担的责任，每一

级政府部门都应该不打折扣地承担起自己相应的责任，在其位谋其政，任其职尽其责。并非审批权限越高，审批效果总是越好。例如，国务院作为最高国家行政机关，往往并不直接负责行业具体工作，所以有可能并不了解一线具体情况以及细节。有些审批事项放在国务院层面，反而可能造成时间和行政资源的浪费，错过最好时机。如果上级部门已经将审批权限下放，主管机关应行使好自己的权力并承担起相应的责任，而不应不作为。

第三，优化服务，完善资本要素市场。优化服务的关键在于政府找准定位，要遵循"使市场在资源配置中起决定性作用和更好发挥政府作用"的原则，避免采取用一种行政性要求替代原有的行政性要求，例如要求金融机构为特定群体提供低廉资金。在放松低效管制消除金融抑制的同时，做好市场服务，努力增加金融市场公共产品有效供给，例如打击扰乱市场行为，提高市场信息透明度、保护投资者权益、完善社会信用体系等。应消除阻碍金融市场发展的毒瘤，疏通金融市场经络，激发市场活力。

三、疏通金融体系六大经络，创造金融新供给

发展"新金融"、增加"新供给"，意味着供给侧改革要对"旧金融"体系动手术。当前，有必要加快中小金融机构、商业银行、股权市场、债券市场、资管市场和金融衍生品市场六大领域改革，疏通"新金融"供给经络，更好地服务经济转型。

1. 大力发展中小金融机构，增加对小微企业的金融供给

我国大型国有和股份制商业银行的信贷文化和针对大中企业的信贷模式，与小微企业的融资需求存在天然的矛盾。小微企业资金需求短、频、急，传统信贷文化下的风险控制流程复杂、反馈时间长、环节多、贷款及时性差，难以满足小微企业需求；小微企业经营风险高、信用基础差、抵押品缺乏、经营制度和财务报表等也不健全，因此与外部投资者之间存在

严重的信息不对称，无法提供符合大型商业银行风控规定的"硬信息""硬资产"。相比之下，中小银行具有区域特征，业务审批速度快，在信息搜寻、非标准和非量化"软信息"掌握、贷款谈判以及贷款后对中小企业的监督成本等方面均具有供给优势。

从美国经验看，能够高效地向中小企业提供贷款的银行一般具有以下特点：规模小，只能从服务中小企业寻找商机；服务限于一定区域，便于与贷款人建立长期性密切关系获得更多信息；组织结构简单，管理层级少，不需要对软信息进行量化、验证和传递；所有权与管理权合一，使管理层富于创新精神。美国资产规模100亿美元以下的中小型银行有8000多家，其中5亿美元以下的接近7000家。虽然近年来我国以城商行、农商行、村镇银行等为代表的中小银行发展迅速，但是与美国相比，这些银行规模仍然偏大，信贷审批权均在上收，而且所有权与经营权分离，管理者并不能分享创新收益，普遍缺乏创新动力。《方案》要求"稳妥推进民营银行的设立，发展中小金融机构"。因此，应将各乡县信用社重新拆分为独立法人或下放审批权限；放宽银行业市场准入限制，允许民营资本创设社区银行、县域银行和村镇银行等中小银行，推动银行体系增量改革，增加竞争，从而增加对小微企业金融供给、提高供给效率。

2. 优化商业银行考核体系，提高商业银行创新动力

在前期经济高速增长时期，借助于金融抑制政策的利率管制、利差锁定以及银行业准入政策营造的垄断优势，商业银行可以稳定地获取超额收益，同质化的信贷产品就可以满足客户相对简单的金融服务需求。这种情况下，规模与利润成正比，规模成为银行竞争的关键。因此，银行普遍采取"资本投入、规模扩张、销售主导、利润考核"的粗放式经营方式。相应的，商业银行内部考核主要以规模和结果为导向，再加上相对保守的内部文化氛围和缺乏创新容错机制，商业银行普遍缺乏金融创新的内在动力和外在压力。银行考核体系僵化，从外部对商业银行的考核，自上而下逐

层传导，导致底层信贷人员缺乏对中小企业放贷意愿和动力，缺乏创新积极性。例如，贷款终身负责制下，银行信贷人员面对中小企业很可能出现不敢贷、不愿贷情形，因为放贷带来的业绩有限，而一旦贷款出现问题，很可能影响职业生涯。然而，随着经济和银行经营环境的变化，实体经济的金融需求不断升级，原来的"跑马圈地"式发展模式难以为继，新形势要求商业银行不断调整。《方案》提出"完善商业银行考核体系和监管指标"，"综合考虑盈利能力、经营增长、资产质量、资本充足率等方面的考核因素，适当提高风险容忍度，落实小微企业贷款风险容忍度要求。完善信贷人员尽职免责政策"。商业银行应对内部考核机制做相应调整，建立创新容错机制，调动员工积极性；适度向经营单位下放创新权限，鼓励其在总行业务框架下自主创新，高效应对市场变化。

3. 努力提高权益类融资，支持经济创新

我国金融体系中银行业过度膨胀，而股票等权益类融资发展不足，限制创新。根据中国人民银行统计，2015 年末社会融资规模存量为 138.14 万亿元，其中非金融企业境内股票余额为 4.53 万亿元，占比仅为 3.3%。2015 年社会融资规模增量为 15.41 万亿元，其中非金融企业境内股票融资 7604 亿元，占 2015 年社会融资规模增量的 4.9%。权益类融资期限长、成本低，看重企业的成长，愿意承受更高的风险来获得企业未来可能的高回报，可以更好地适应生态农业、互联网、精准医疗等高风险创新类企业的融资需求。创新类企业一般不确定性高、流动性紧张、缺乏可抵押资产，而银行信贷偏向审慎，很难支持创新企业的融资需求。因此，在经济转型背景下，银行信贷过度扩张不仅可能无助于产业结构调整，甚至助长产业结构扭曲或固化，对国家创新能力提升也会产生不利影响。《方案》也提出"大力发展股权融资"，因此，应继续推进股票发行制度改革，鼓励 PE、VC、众筹等多样化融资方式进一步发展。

4. 统一公司信用类债券发行与审批标准，拓宽实体经济融资渠道

我国公司信用类债券融资比例很低，债券融资规模远远小于贷款融资规模，2015 年底非金融企业人民币贷款存量是企业债券存量的 4.99 倍。而同期美国非金融类企业的银行贷款与企业债券存量基本持平。大型国有企业发债容易，中小企业、民营企业发债困难。发债企业基本集中在基础设施、能源和房地产等行业，国有企业占比超过 90%，年销售收入和资产总额大多在 5 亿元以上。债券市场对中小企业支持严重不足，主要是因为：一是发行审批制度改革滞后，企业债、公司债等品种仍需事前审批，对发债企业的资质进行行政审核；二是发行标准不合理，发行条件过高，对中小企业而言，构成了较高的门槛；三是交易市场分割，限制了债券的流动性，每个市场的主管部门因不愿看到自己管辖的市场出现兑付风险，因而倾向于对中小企业设置各种门槛来限制其在自己的市场进行融资。

《方案》提出"加快品种创新，统一准入审核规则"。下一步应当加快深化企业债券市场管理体制改革，统一债券发行规则，简化发行流程，赋予企业较高的发债自主权，从而拓宽实体经济融资渠道，并降低直接融资成本。近期，证监会与银行间市场交易商协会已经开展了债券市场联合稽查执法，走出打破市场分割的关键一步。

5. 打破刚性兑付，优化金融资源配置

刚性兑付在债券、理财、信托等领域广泛存在。其后果，一是损害市场效率。金融领域"风险与收益相匹配"是市场定价的基础，如果资金价格不能如实反映风险，市场资源配置不可能最优。二是导致"融资贵"问题。从资金需求方来看，债券市场的融资主体主要是具有预算软约束性的国有企业、地方融资平台等，它们资金成本敏感性低，资金向这些主体集中，这必然导致整个金融体系的融资成本被抬升。从资金供给来看，刚性兑付导致理财代替国债成为我国真正的无风险利率，抬高银行负债成本，进而抬高贷款成本。三是使得发行审批更加严格，进而导致广大中小企业、新创企业被排除在债券市场之外，造成这些企业的"融资难"。因此，在坚决守住不发生系统性金融风险的底线的前提下，政府部门应当放弃干预，让市场主体自行判断和承担风险与收益。监管部门需要做好的是维护市场秩序，完善投资者保护机制，进一步强化信息披露机制，提高信息披露的完备性、充分性、及时性、透明性，让投资者能够及时准确地了解产品风险信息。

6. 发展境内金融衍生品市场，服务金融新供给

金融衍生品市场是现代金融版图的重要领域之一，但在我国当前资本市场"新兴"加"转轨"的发展阶段，金融衍生品市场发育还不成熟，社会认识也存在种种误区。例如，股指期货被当作2015年A股异常波动的替罪羊，交易遭到极大限制。正如清华大学研究报告《完善制度设计提升市场信息——建设长期健康稳定发展的范本市场》（十八万字报告）所指出的，股指期货是分流卖压、稳定市场的积极力量，应当正确认识和评价金融衍生品的作用。

金融衍生品能够有效推动金融新供给。一方面，"旧金融"可有效运用金融衍生品开展金融创新。运用期权、期货等衍生金融工具，即使是传统的金融体系中的商业银行也可以通过将衍生品合约内嵌到理财产品，创造出满足低风险偏好资金需求的保本型新金融产品。另一方面，配备金融衍生品的"新金融"能够有效拓展正规金融产品谱系，最大程度地覆盖实体经济需求。以美国为例，纳斯达克市场迅速崛起，不仅在于其为新经济提供了知识技术资本化的机会，还在于其推动金融工具创新，提供安全高效率的金融资源配置。据统计，90%的纳斯达克上市企业发行股票期权，其中大多数可交易，纳斯达克股票期权交易量自2010年后一直高居全美第一。

金融衍生品的使用是无国界的。若境内金融衍生品供给不足或者效率低、成本高，企业必然转向寻求更加高效和公平的境外衍生品市场做风险管理。这样，我国将无法实施有效监管，对我国的金融稳定带来一定威胁。因此，金融供给侧改革还应当以我为主，加快发展境内金融衍生品市场。

金融供给侧结构性改革的四个问题

董少鹏[①]

供给侧结构性改革是新时期中国改革的概括性提法，其核心内涵是优化供给结构、满足和引领需求结构。改革的诉求是中国式的，要将化解短期难题、中期制度建设、长远预期引领统一起来。供给侧结构性改革也是覆盖经济、政治、文化、社会和生态文明建设整体布局的理性实践、务实操作，目标是"形成系统完备、科学规范、运行有效的制度体系，使各方面制度更加成熟更加定型"。

我们考虑、研究和落实推进金融供给侧结构性改革，不能离开这个基本的全局观、长线观、历史观，否则，就很可能把事情办糟。下面，我讲四个方面的问题：

一、金融供给侧存在哪些问题

供给和需求是相互对立和统一的。供给侧存在的问题首先是从需求侧的不平衡反映出来的。长期以来，我国金融体系形成了间接融资比例过高、直接融资比例偏低，国有资本在大型银行里"独大"、非国有资本进入很少，中小型金融机构发展滞后，资本市场结构不优、稳定性不足的状况。

---

① 本文作者是《证券日报》副总编辑

　　尽管伴随中国经济实力的大幅度提升，国际市场和国际社会肯定中国金融体系进步、接受中国金融参与的力量越来越大，但总体上，质疑中国金融持续开放、怀疑中国金融不断规范、怀疑中国承担国际金融责任的心态也在一定范围内存在着。

　　因此，我国金融供给侧结构性改革就要满足上述市场需求和政治经济需求，要通过市场化改革和相应制度重构来达到目的。一是要满足产业公司的金融需求。对产业转型企业、中小微企业、科技创新和业态创新企业、涉农企业、涉老少边穷企业等，都应提供相适应的金融服务。二是要满足金融机构拓展业务的需求。要建立多元化、多层次、多渠道的金融服务体系。要减少行政管制，允许各类金融机构根据市场需求开展业务，依照市场规则自行承担风险。防范单个机构风险外溢，应主要依靠该机构依法"自治"，"外治"应定位于引导性、应急性选择。三是要满足居民的金融需求。居民金融需求包括工资等收入的管理、日常消费的金融服务、保障性金融服务、理财金融服务等。四是满足国家战略和安全需求。任何一国的金融体系归根结底是为这个国家的整体发展战略和国家安全服务的。金融绝不是简单的工具，而是有"颜色"的。在谋划和实施新的金融制度构架时，必须整体考虑，切实遵循本国战略利益最大化、长期化原则。五是满足国际市场"联通"和全球治理合作的需求。我认为，"全球化"与"全球互联互通"是有着不同内涵的概念，前者将标准定位于西方发达国家的市场治理模式，后者将标准定位于不同国家相互尊重基础上的整体合作治理模式。中国的金融供给侧结构性改革的重要诉求之一，是与国际市场相对接、互联互通，但不是要复制某一国的模式，不是放弃自己的利益和体系。

　　在满足和引领以上五个方面需求的过程中，要充分考虑和坚持风险和效益的平衡，充分考虑和坚持各类创新与整体系统安全的平衡。

二、金融改革要提供"硬供给"

金融供给侧结构性改革的本质是提供新的制度供给和技术供给，但也必然包含思想理论等方面的供给。我把制度供给和技术供给称为"硬供给"，把思想理论等方面的供给称为"软供给"。

"硬供给"包括：1.产权结构改革。要进一步深化大型商业银行的股权结构改革，适当降低国家股比例，扩大社会资本持股比例。可以考虑分拆部分业务板块。要扩大民间资本进入银行业的开放程度。建立更多混合所有制金融企业。允许纯民间资本组建各类金融机构。取消所有制歧视性政策，代之以依法监管和安全性审查。鼓励中小微金融机构创新发展，为其提供行业风险指引。2.融资结构改革。要适度加快扩大直接融资的步伐，降低间接融资比重。大力发展主板、创业板、新三板、区域股权交易中心等多层次资本市场体系，加强基础性制度建设，形成社会化、专业化监管体系。鼓励优质上市公司兼并收购，做大做强。加快债券市场改革，建立起集中统一、多层次互通的债券市场。要鼓励商业银行等金融机构开展综合经营。前不久颁布的《中共中央、国务院关于深化投融资体制改革的意见》提出，试点金融机构依法持有企业股权。我认为，在试点基础上，可以逐步扩大金融机构直投范围。3.产业公司治理改革。无论产业公司还是金融公司，其治理的核心都在内部。要建立健全董事会、股东大会、监事会、管理班子，完善内部治理和制约机制。公司管理团队要按照法律规范办事，要为全体股东利益负责，要按照市场需求决定经营策略，要承担必要的社会责任。要强化会计师、律师等中介服务机构的执业能力，强化其执业操守，发挥好这些中介服务机构的约束作用。产业公司自身治理良好，是金融服务提质的基本前提。4.净化和优化市场环境。要下大力气，减少直至消除产业公司运营的各类灰色成本，为企业减负、松绑。要从政府做起，取消不必要的审批程序，取消干扰企业运营的各类评选、检查，取消不合法的费用摊派。还要规范各类协会、商会组织的行为边界。对因用地用电用气、垃圾清运、三废排放等形成的灰色"设租链"予以清理，让企业把费用花在阳光下，使企业经营行为更纯粹、更干净。同时，政府和社会力量要在市场监管上提供足够的服务。

上述四个方面是解决好金融与实体经济矛盾、直接融资和间接融资矛盾的最重要的因素。如果这些"硬供给"跟不上，制度、产品、服务等创新活动就会扭扭捏捏，拖泥带水，反反复复。

三、金融改革要提供"软供给"

"软供给"的第一要务是人才和干部供给。"纸上得来终觉浅，绝知此事要躬行"。再美好的设计规划都需要一个个具体的人去实施。从一定意义上说，实施比设计规划更具挑战性。

组织起一批坚定维护国家发展利益，同时具备专业能力的专业人才和管理干部，并在不同组织层面形成合力，并非易事。有一些金融人士一谈改革就眼睛向外，懒得研究本土企业、产业、市场以及社风民情，认为"从外面拿来先进的东西"简单得很；还有一些金融人士把金融看成单纯的市场工具，认为金融市场的具体工具、具体行为与国家发展利益和整体安全相去甚远。这种认识是很糊涂的。选拔、培训出一批坚定维护国家发展利益的金融人才和管理干部，使其发挥好组织带动作用，是推进金融供给侧结构性改革十分迫切的任务。

"软供给"的第二个方面是信息供给。推进金融改革需要先进的信息供给系统。信息的原始质量、传播速度、解析能力决定着改革成败。为此，需要改革针对金融市场参与者的公共信息服务体系，既要采集发达经济体发布的金融、经济信息，又要及时发布本国的金融、经济信息，提高解析发布能力。要将改革总体部署、不同阶段的改革策略、具体的改革方式方法与公众信息供给密切结合起来，改变单纯强调舆论引导、忽略公众信息供给的做法。要提高政策透明度，参与构建公共认知链条，管理好社会预期。

要提升金融系统内部信息分析、信息合成、信息管理的专业化水平，加强对全球公共信息和特定信息的解析能力，加强对重点国家金融信息发布、金融信息战略的研究，提升预判能力。实现金融信息工作与国家利益和国家安全大局无缝对接，互为子母。

"软供给"的第三个方面是监管供给。监管供给本质上是"系统性信任供给"。要通过健全的市场监管增进所有市场参与主体的相互信任，降低市场运行成本，提高本土市场的全球竞争力。为此，要强化信息披露机制，加强事中事后监管，彰显监管公正。要完善金融市场征信体系和信用共享体系，强化信用约束效应。要改革监管体制框架，将功能监管与行为监管、协同监管与条块监管、本土监管与跨国监管、常态监管与应急处置等机制完善起来。

监管供给还涉及风险监测、评估、预警体系，以及交易、清算、支付、登记、托管体系，跨境交易支付体系等的安全管理。

"软供给"的第四个方面是理论供给。无论从国际金融市场发展的进程看，还是从我国金融体系的改革任务看，无论从现代信息技术的冲击看，还是从金融体系自身的逻辑看，中国金融供给侧结构性改革都需要强大的理论支撑。我国金融改革要兼顾总量与结构、效率与公平、创新与安全、国际参与与国家战略等的平衡，总体上是要提升中国金融的国际竞争力和话语权，服务和服从于国家经济、政治、文化、社会和生态文明建设的整体布局。为此，要着眼解决当前的现实问题，也要放眼国家和民族长远发展，不断完善中国特色社会主义政治经济学理论体系，在金融创新发展理论上拿出中国特色、中国风格、中国气派。

四、构建正确的"虚实经济观"

实体经济是虚拟经济发展的基础，虚拟经济可以相对独立地运行，但如果虚拟经济背离实体经济的情况，风险就可能聚集，给整体经济发展造成损失。这个基本逻辑是经过长期检验的。但是，准确把握虚拟经济和实体经济的关系，并不容易。

"虚拟经济"和"实体经济"是学术用语，本身有特定含义。但在我国虚拟经济文化缺失，虚拟经济市场不发达的情况下，简单地把这一学术概念放大化，有误导公众之嫌。金融交易具有虚拟性，但也同时具备实体性，特别是在金融服务于实体经济，所以依赖实体经济这一点上，有着广泛共识。把"实体经济"和"虚拟经济"完全对立起来，甚至把大量依托实体经济运行的金融活动都说成是"虚"的，是错误的。所以，这种简单概念化的议论应该停止了。只要有利于生产力的发展，有利于市场健康有序运行，有利于提高人民福祉，不管姓"实"姓"虚"都是好的。相反，如果不能促进经济发展，不能推动产业升级、消费升级，不能提高人民的福祉，不管姓"实"姓"虚"都是坏的。

所谓"脱实向虚"现象，其实主要发生在美国境内。由于美国虚拟经济高度发达，即便实体生产大量转移到境外，但仍能够控制全球的各种经济资源，为其国家利益服务。我们既要看到美国境内脱实向虚的一面，也要看到其虚拟经济管控全球资源的一面。

立足于我国长期发展和参与国际竞争的现实，我们必须把虚拟经济和实体经济统筹起来考虑，以决定和实施发展大计。面对发达经济体金融市场高度发展，而我国金融市场发展相对滞后，定价能力弱小的现实，我们要高度重视虚拟经济的发展。不能简单地把国内金融市场相对热络的现象归为"脱实向虚"。中国的金融体系、金融市场还很不发达，这正是我们推进金融供给侧结构性改革的根本原因。

第三章　民生领域供给侧改革，动谁的奶酪？

医疗供给侧改革的六大"处方"

——短期治标、长期治本、中期疏经络

滕泰 等①

推进供给侧结构性改革是当前和今后一个时期我国经济工作的主线，而医疗则是供给侧结构性矛盾最为突出的领域，医改更是一场输不起的"硬仗"。"魏则西事件"和"广州伤医案"，作为医疗供给结构问题的一个侧面，反映出当前医疗体制中的矛盾已经相当尖锐，任何微小的事件都可能触发恶性冲突，并引起社会不满情绪迅速扩散。医疗供给侧改革若能找到痛点，开对处方，精准发力，率先破冰，不仅会大幅提高社会满意度和政府公信力，还将起到示范和带动作用，有利于全面深化和加速推进供给侧结构性改革。

医疗供给侧改革不能眉毛胡子一把抓，竹篮打水；不能搞形式主义，换汤不换药；更不能把所有问题都推到长期机制上，或以所谓"世界性难题"为借口，畏难推诿，无所作为。要打赢这场硬仗，必须找准痛点：短期"治标"，整合政府资金、社会资本、商业保险、产业基金等多方资源，增加有效供给；中期"疏经络"，优化供给结构，提高供给质量，完善政府、患者和第三方监督评价体系；长期"治本"，提高医生公信力，建立医护人才培养等长效机制。

---

① 本文由滕泰、张海冰、刘哲、王娇、赵静、黎海华、单景辉共同执笔

一、放手发动各方资源，切实增加医疗有效供给

医护人员本应是救死扶伤的天使，理应受到全社会的尊敬，但为何医生却如此不被信任和理解？患者的诉求本应有合理合法的渠道予以及时处理，但为何却使用如此暴力的方式来发泄不满？医患矛盾多发的根本原因在于有效供给不足。新中国成立以来，我国在医务人员培养、医院建设、医药和医疗器械生产等方面取得了长足进步，在较短时间内基本实现了医疗保险全覆盖。然而，2015 年我国的人均卫生费用仅为美国的 3.2%，医师密度不足美国的 60%，护理和助产人员密度仅为美国的 15.4%，医疗有效供给远远不能满足人们健康需求的增长。

为了从根本上解决上述供需矛盾，须放手发动各方资源，切实增加医疗有效供给。要让公立医院保障基本医疗和普惠医疗需求，让民营医院用市场化的方式满足增量需求，让社会资本更长效地支持医疗事业。

公立医院以基本医疗和普惠医疗为主，应从三个方面扩大投入：第一，应确保中央和地方财政资金对公立医院的最低投入及合理增长；第二，公立医院不以营利为目的，其收入在支付医院日常开销、医生劳务报酬之后，全部用于科研活动和医疗资源再投入；第三，公立医院应提高经营运作的透明度和规范性，定期接受审计监督，公开披露财务收支状况，吸引社会慈善基金以多种方式支持公立医院发展，更好地满足社会对于基本医疗服务的需求。

任何一个国家的医疗服务事业都不能单纯依靠政府，必须有全社会的力量投入。在公立医院注重基本医疗服务、民营医院注重市场化增量需求的前提下，须放手发动社会保障、商业保险、产业基金等多种社会资源，切实增加医疗有效供给。比如通过设立特色项目的医疗基金的方式，实现产业资本与金融资本的结合，引导更多的社会资本增加医疗有效供给。

二、充分发挥民营医疗机构重要作用，提升供给质量

尽管中国民营医疗机构数量已经接近 1.5 万家，占比超过 50%，但其承担的诊疗数量与其庞大的机构数远远不相称。2015 年，民营医院承担的门诊量只有公立医院的 13.7%，承担的入院治疗数量只有公立医院的 17.2%。患者不愿意选择民营医院就诊的根本原因还是多数民营医院的业务水平和管理水平让患者不信任。欧美等发达国家和地区的情况与国内不同，私立医院往往是优秀医疗质量的代表，比如美国的梅奥医学中心、英国的惠灵顿医院等。

自医疗体制改革以来，国家和卫生主管部门已出台多项政策支持和鼓励社会资本办医，在准入审批、设备购置审批、科研立项等方面破除政策瓶颈，对社会资本办医发展起到了很好的推动作用，但在某些关键政策领域还需要更多支持。比如，合理放开社会办医，扩大医保定点范围，让民营医院能够通过公平竞争和审核，获得医保资格。以北京三博脑科医院为例，该院为北京市三级专科医院，2015 年手术 3300 台，其中 80% 是神经外科最高等级的四级手术，92% 的病人来自全国各地，如果所有外地病人医保都能部分报销，该医院的手术量有可能翻一番，达到 6000 到 7000 台。

此外，民营医院提高有效供给能力，既不能只注重低端数量扩张，也不能只依靠 "挖角" 公立医院人才，而必须重视自身医护人员的培养和科研能力的提升，引进海外中高端人才，配置先进医疗器械，提升服务水平，赢得患者信任。

三、全面落实分级诊疗，改善医疗供给结构，疏通医疗经络

从 2009 年我国启动医改至今，群众看病难、看病贵的问题仍很突出。一边是大医院人满为患，一边是小医院门可罗雀；一边是大城市过度医疗，一边是小地方缺医少药；一边是公立医院资源紧张，一边是民营医院资源

闲置。针对上述问题，中国中医科学院黄涛教授指出，当前医疗改革的当务之急是解决"经络不通"的结构性问题。

分级诊疗的核心就是通过转诊制度、复诊制度、信息共享机制等，疏通大医院、普通医院、专科医院、基层医疗机构之间的经络，实现资源互通，连成一个有效的医疗网络。患者只要进入这个网络，就能够根据其疾病的轻重缓急得到适当的诊疗。

全面落实分级诊疗，应当贯彻国务院《关于推进分级诊疗制度建设的指导意见》，确保到 2020 年基本建立符合国情的分级诊疗制度。首先，注重加强基层医疗机构的软硬件设施，提高基层医护人员的薪酬水平，吸引医护人员向基层流动；其次，强化基层全科医生等人才培养，提高基层医生的医疗技术水平，从而消除患者对"基层首诊"的排斥心理，提升患者对基层医疗机构的信任度，进而能够放心地到基层医疗机构诊治常见病、慢性病和多发病。更重要的是，要打通"经络"，尽快整合共享医疗资源，建立以三级医院为核心的医疗联盟体制，加强转诊机制、信息共享机制等建设，让患者在转诊中减少重复检查、跑冤枉路，实现资源共享、诊疗互认、分级互通。

此外，疏通医疗经络，还需要加强宣传教育，引导患者树立科学合理的诊疗理念和诊疗习惯。三甲医院人满为患，除了基层医疗机构实力不足，难以赢得患者的信任，还有一个原因是很多患者缺少科学合理的诊疗理念和诊疗习惯，盲目迷信大医院，主动选择"小病大治"，造成医疗资源的浪费。目前许多患者就诊存在着经常换医院、换医生的问题，重复看病、重复诊疗，这是对医疗资源的极大浪费。同时，由于诊断治疗缺乏连续性，造成医疗责任缺失的现象。通过推行家庭医生制度，可以逐步树立科学合理的诊疗理念和诊疗习惯，提高医疗资源的使用效率，减少浪费。

最后，进一步破除特权医疗，也是医改"疏经络"的重要方面。在中国医疗资源供给总体不足的情况下，"特权医疗""豪华干部病房"占用大量、高端的医疗资源，不仅导致普通患者能够得到的医疗资源供给被进一步压缩，而且"干部小病就去三甲，群众大病才能进医院"的落差，也使得分级诊疗等措施难以被群众接受，成为医改的重要障碍。因此应当进一步破除特权医疗，实现医疗资源的公平有效配置。

四、破除"以药养医"，大力推进"医药分开"

与发达国家相比，与患者的需求相比，我国医疗服务的供给质量整体偏低。在大中型城市的大型医院，普遍存在专家号"一号难求"，患者看病存在"排队几小时，看病一分钟，检查一大堆，拿药一大袋"的现象，其根本原因在于"以药养医"造成医生的诊疗收入较低，得不到合理回报，靠小病大治，借助药品谋利。低估医护人员专业服务价值、变相抬高医药和医检的价格，违背了按照要素贡献和边际报酬进行分配的原理。

解决这一问题，首先，要大力推进"医药分开"，允许患者可自主选择在医院门诊药房或凭处方到零售药店购药，还应逐步放开、规范网络售药，研究以相应的医保报销体系予以支持。其次，提高医疗人员的服务价格，形成按照贡献分配报酬的正向激励机制。通过调整收入分配机制，让资源向技术过硬、承担繁重工作的一线医护人员倾斜，真正实现"优质、优量、优价"。在民营医疗机构，还可鼓励、引导通过股权激励等方式，提高医生的积极性。

五、构建"三维医疗评价体系"和医疗行业退出机制

当前我国的医疗机构评价体系单一，对患者就医的指导性不足；评价机构或缺乏独立性、或缺乏公正性，不能全面反映医院的真实服务水平；监管机构往往只是事后"亡羊补牢"，难以做到防患未然。

英国设立最早的医疗机构认证评价组织是英国健康质量服务机构（HQS），该机构注重从过程、人员、结果和环境四个关键领域改善服务质

量。为改进医院服务质量，英国卫生部近年开展"星级医院评审"，评审不考虑医院规模大小与技术高低，共包含9项关键指标，根据医院达标情况不同，将医院服务水平由高到低分为三星级、二星级、一星级医院。

日本在构建医疗机能评价机构方面也拥有丰富经验。最初由政府建立自我评价性的医院机能评价机构，进一步发展为事业单位性质的拥有独立法人地位的第三方评价机构，即医疗机能评价机构。在此期间日本分别制定了医疗、管理和护理等领域的基本评价标准。目前日本的评价体系专注三种评价工具：临床指标、患者评价医疗的调查标准、第三方评价标准。

中国医疗机构评价体系的构建可以借鉴英国、日本的相关经验，结合本国实际情况，尽快形成"政府、患者、第三方"共同参与的"三维评价体系"和行业退出机制。

医政监管部门应当着手建立覆盖医疗服务全过程的医疗监管体系，从事前宣传，到事中诊断治疗，再到事后服务，全面跟踪评价。比如，对全国所有医院进行定期的"临床医疗质量分级评审"，并及时向社会公布评价结果；引入医疗机构不良执业行为记分制度，明确不良执业行为的记分办法和记分标准。

应强制各医院建立适当的患者评价和投诉机制，解决医患关系中的信息不对称和权利不平等的问题，为患者提供更公平的反馈及表达诉求的渠道，使医患矛盾通过合规合法的机制解决。

对于第三方评价机构，应遵循独立、透明的原则，杜绝花钱买排名等虚假宣传行为。借鉴发达国家第三方评价机构相关经验，中国市场化的医疗评价机构应公开评价标准，杜绝黑箱操作；坚持专家评审与社会公众评价相结合；围绕诚信体系、医疗质量、医疗安全、医疗服务等内容进行综合评分。目前中国已经出现部分市场化第三方评价机构，比如中国非公立医疗机构协会，其构建的安全评价体系和诚信建设体系，将信用等级分为3A、2A、A、B、C五个等级，星级评定分为三星、四星、五星级单位，对非公立医院定期发布评价。但总体看，中国第三方评价机构的社会认可度和权威性仍有待提高。

在客观、公正、全面评价的基础上，医政监管部门应强制推行医疗机构 "退出机制"，对于长期低于一定水平的医疗机构应予竞争淘汰。综合临床医疗质量、患者评价、第三方机构等三方面数据，对于不合格医疗机构，应坚决注销其《医疗机构执业许可证》，为优质医疗资源的进入提供空间。

六、围绕医护人才培养，多举措激发医者活力

医疗服务的核心资源是医疗技术人员，而我国目前医疗人才供给仍然不足。医疗技术人员培养成本高、时间长，工作压力大，职业性价比较差，对优秀人才缺乏吸引力。医学院出现招生难、生源质量下降的情况，医务人员转行流失的现象也比较严重。北京协和医院王海涛指出，目前儿科、产科、传染病学科、精神学科等基本学科都出现了人才不足甚至断档的问题。中医科学研究院黄涛教授则表示，指望通过降分招收的生源来补充和改善医疗人才队伍，中国医疗事业的未来令人担忧。

目前医疗服务领域对人才供给的约束主要体现在三方面：第一，十多年前部分医学学科设计、医学院校招生和人才培养缺乏前瞻性，导致当前医学人才不足。例如，由于儿科等专业成本高、风险大、收入低，部分医学院、医院不设儿科，导致目前普遍二胎的政策环境下儿科人才极大短缺。第二，分配机制扭曲，使得已经进入的资源无法得到合理报酬，导致人才流入不足甚至流出。第三，医疗人才合理流动存在制度障碍。如公立医院的事业单位体制和人员编制管理，束缚了医务人员的流动。

建立医护人才培养的长效机制，首先，需从医学教育入手，调整规划和安排，重视儿科、精神医学、助产等学科人才培养，扭转急需科室人才不足现象。其次，提高医疗专业人才待遇，提升社会对医生职业尊重度和医生职业荣誉感。最后，稳步推进和规范医师多点执业，放宽条件、简化程序，优化医师多点执业政策环境，搞活用人机制。

社会办医供给侧改革研究与思考

张阳 [①]

推动社会办医供给侧改革是解决当前医疗供需矛盾的重要途径，也是医改的重要工作内容之一。本文将通过研究一些发达国家和地区成熟、先进的社会办医模式和经验，为我国推动社会办医发展提供借鉴和参考。同时通过国内比较成功的社会办医机构三博脑科的发展过程分析，了解我国推动社会办医存在的问题和障碍，并结合医院实际，提出下一步社会办医供给侧改革的政策与建议。

一、社会办医发展历程

19 世纪末开始，为解决社会发展带来的看病难等医疗供需矛盾，德国先后进行了三次医改。第一次改革建立了全面覆盖和平等准入的医疗体系，构建了较为完整的医保体系。但随着政府不堪财政投入压力，进行了第二次改革，主要针对医疗供给管理和支付机制，但依然没有解决医疗费用长期快速增长，服务效率低，政府、患者都不满意的局面。20 世纪 90 年代，德国开始了第三次改革。首先对医保支付、医院管理和政府监管进行了有效分离，解决了利益关联和权力寻租问题。其次严格实施分级诊疗制度，

①　本文作者是中国非公立医疗机构协会副会长、三博脑科医院董事长

保证了医疗需求的有序流动和医疗资源的合理利用。再次，向社会公众开放医疗供给市场，任何个人和组织均可开办医疗机构，和公立医疗机构享受完全相同的医保政策及财政补贴等，且开办私立医疗机构不需要缴税且盈利用途不受限制，而公立医院受此限制。政府通过政策积极引导和鼓励社会资本开设医疗机构，在不增加政府财政负担的情况下充分增加高效的医疗供给，化解供给矛盾。1992 年至 2010 年，通过新设和公立医院改制等路径，非公立医院数量快速增加，占全部医院的比例从 55% 上升到 69%。同时形成了私人诊所、社区中心和大型综合、专科医院完整的三级医疗服务体系，在医疗服务中占据主导地位，发挥着日益重要的作用。德国通过推动社会办医的发展，很好地解决了医疗供给不足问题，同时通过市场导向提高了医疗服务效率，有效降低了政府负担，提升了社会满意度。德国目前已成为世界上医疗服务体系完善、管理科学、制度合理的国家之一，得到了广泛认可和赞誉。

我国台湾地区在 20 世纪 70 年代初也面临医疗资源政府高度垄断，政府投入大，产出低，效益差，医疗资源不足且分布不均，医生拿红包，吃回扣，老百姓看病难、看病贵，医患矛盾突出等问题。台湾地区有关部门也从改善供需矛盾入手，控制对公立医院的投入，节约的资金增加需方补贴；出台政策鼓励民间资本进入医疗行业，推动医疗体系改革：一是鼓励开设民营医疗机构，对民营医疗机构和公立医院实行均等的"需方补贴"政策；二是允许民营医疗机构申请特约医事服务机构，相当于我们的医保资质，民营机构签约率稳定在 93% 左右；三是加强监管，避免民营医疗机构违规经营；四是加强对执业医师的监督，确保民营医疗机构的医疗品质能够满足患者的需求。

政府的政策、措施为民营医疗机构营造了公平的生存和发展环境，推动了民营医疗机构的快速发展，有效解决了医疗供给不足的问题。同时民营医疗机构是在政府统一标准的审核和监管下市场化行为的结果，使得民营医疗机构医疗服务呈现出技术先进、质量可靠、运行高效、患者满意的良好局面。当前，台湾民营医院数量占医院总数的 85%，民营医疗机构床位数占医疗机构总床位的 60%，医疗机构数量、床位数及诊疗量方面民营医疗机构都处于主导地位，成为整个台湾医疗卫生体系的重要组成部分。台湾地区已实现全民健保，同时实现了低保费、低行政经费及高纳保率的运行目标，占 GDP6.6% 的医疗卫生支出却达到了 84% 的民众满意度，台湾地区的医疗体系被誉为世界最好的制度之一。

二、社会办医发展的经验借鉴和启示

通过前述国家和地区的社会办医发展历程及实现的结果，我们可以得到以下经验和启示：

1. 需求促动改革，各国的医疗服务体系发展都经历了当前中国的这个供需矛盾、医患矛盾突出，社会各方不满的阶段，政府不断探索和推动社会医疗体系改革都是以满足人民不断增长和变化的医疗需求、解决医疗供需矛盾为导向的。各国推动的医疗体系变革与我国当前推行的医疗服务体系供给侧改革本质和内容上都是一致的，主要包括增加医疗服务供给，改变政府财政投入方式，转变政府机构职能，加强医疗服务监管等。

2. 在医疗服务体系的供给侧改革中，政府的引导、支持政策是推动改革的重要基础，营造公平、积极的政策环境对推动社会办医发展至关重要。

3. 社会办医的健康发展离不开政府、行业的监管、约束和社会资本的参与、推动。健康、高效的医疗服务体系是政府主导和市场调节共同作用的结果。

4. 社会办医在医疗服务体系中不仅仅是有益补充，而是重要的组成部分。社会办医不仅仅服务于高端、个性化、国际化医疗需求，也可以做基层医疗和区域性基本医疗服务，与公立医院形成有益互补和良性竞争。并且随着社会办医的不断发展、优化，将在推动医疗服务体系建设和公立医院改革、优化中发挥重要作用。

三、我国社会办医疗机构现状及特点

我国社会办医疗机构是从 20 世纪 90 年代开始逐步发展起来的，前期由于政策环境限制又缺乏有效监管和指导，发展曲折缓慢，很多社会办医疗机构在医疗质量和服务过程中存在诸多不规范甚至违法乱纪的事情，严重损害了社会办医的形象和信誉，进一步阻碍了社会办医机构的健康发展。从总体和结构上看，社会办医机构呈现出规模小、层次低、质量差、能力弱的特点。

进入新医改以来，国家和各地政府出台了一系列鼓励和支持社会办医发展的政策、措施，社会办医发展迎来了难得的政策机遇和环境，社会资本投资兴办医疗机构的热情空前高涨，也出现了一批技术水平高、医疗质量好、有品牌和影响力的社会办医机构，如首都医科大学三博脑科医院等。因此，我国的社会办医供给侧改革的核心内容应是：

1. 引导和鼓励社会资本举办医疗机构，增加医疗服务的有效供给。

2. 建立和完善监督、评价机制，促进社会办医健康、有序发展，提升社会办医层次和形象。

3. 打破公立医院人才垄断，释放医疗人才资源，为社会办医发展的人才需求提供来源和渠道，提升社会办医的技术水平和诊疗能力。

4. 给予社会办医同样的科研、学术和教育平台，鼓励社会办医向高水平、高层次发展。

5. 开放医疗市场，给予社会办医同等的医保、新农合等资质，为社会办医的生存和发展提供空间。

四、我国社会办医供给侧改革面临的问题和困境

当前，国家为推动社会办医供给侧改革，政府和卫生主管机关已出台多项政策支持和鼓励社会资本办医，在准入审批、设备购置审批、科研立

项等方面破除政策瓶颈，对社会资本办医发展起到了很好的推动作用。但在供给侧改革的推行过程中，还存在诸多问题和困境。

一是一些政策和制度制定得虽然好，但实施起来还有玻璃门和天花板，所以在政策执行过程中还存在困难。例如出台政策要鼓励社会办医发展，但在医疗规划中又将社会办医的数量和床位规模加以限制。

二是很多政策、制度出台后，缺乏配套办法和实施细则，导致政策不能落地，作用大打折扣。例如鼓励社会办医参与公立医院改革的政策能够实现盘活社会存量医疗资源，增加有效的医疗供给，减轻政府负担多方共赢。三博脑科在 2014 年作为试点项目改制并购两家国企职工医院，实行了全员入股，三博脑科控股。接手前这两家医院经济效益是负 200 万，还包括企业给医院的日常补贴，改制运营不到两年，已经实现 2000 万的利润，人、场地基础设施都没变，三博脑科注入了医疗能力和设备，改变了体制机制，医院的能力、水平和经营质量也都上去了，给当地患者也带来了更好的就医体验。这一项目的实施也验证了社会办医参与公立医院改革的效果和优势，但后期没有具体的实施办法和操作流程，以致现在政策都不能很好地落实和产生效应。

三是一些政策虽然得到了推动、实施，但是执行得不到位、不彻底，没有达到预期效果。如政策鼓励医保资质向社会办医开放，但具体执行中开放得不彻底，没有和公立医院同等标准。还以三博脑科为例，其神经外科在业内处于领先水平，2015 年手术量 3300 例，92% 的病人来自全国各地，是北京市三级医保和新农合定点单位，但全国对三博的医保开放度不到 20%。如果能获得和天坛医院同等报销标准，三博的手术量将翻一番。亚洲最大的神经外科中心天坛医院 2015 年手术量是 1 万台，三博是其 1/3，但天坛医院花费近 40 年时间以及政府数十亿的巨额投入才达到这个水平，而三博在政策相对抑制、没有任何财政投入的条件下只用了 12 年的时间便达到今天的水平，这就是民营医院与公立医院的效率对比。

五、我国社会办医供给侧改革的思考和建议

1. 鼓励社会办医，不仅有政策制度做支持、引导，更重要的是政策要落地实施，产生实效。建立督导和反馈机制，使每项政策、制度的颁布都有配套的措施、办法出台，有执行标准、办理流程的跟进，有各部门的职责分工的权责界定，定期检查、落实执行情况，并对存在的问题和困境进行反馈，形成闭环管理，才能确保现行和未来的政策落地生效。

2. 拓展社会办医的发展渠道，继续推动有技术、有品牌、有实力的社会办医机构参与效益不佳的公立医院改革，激活资源、提升效率，对周边公立医院也是良性促动。三博脑科进入重庆、昆明，很多疑难神经外科疾病的诊治就留在了当地治疗，减轻了患者负担，促进了周边公立医院技术和服务的提升。

3. 支持社会办医过程中，引导社会办医发展的结构、层次。鼓励在基层医疗领域发展社会办医机构，包括私人诊所、社区卫生服务中心等，发挥其机制灵活、服务便捷的优势，为周边居民提供优势、便捷的基础医疗保健服务，形成三级医疗体系，为国家推行的分级诊疗提供支撑。

4. 给予社会办医机构同等的医保资质审批政策，实行包括新农合在内的医保政策制度对社会办医机构全面、彻底开放。一方面，对于医院来说，医保是信誉的象征，是患者就医时衡量医院质量的重要标准。在患者心中，无论是民营医院还是公立医院，"有无医保"往往与"是正规医院还是骗子医院"划等号。另一方面，中国当前有98%的居民参加了含新农合在内的社会保险，患者就医时也会将能否报销医疗费用作为首要因素考虑。如果医保政策对民营医院不开放、政府扶持政策不能落实，好的民营医院因没有医保导致没有病人而慢慢退出市场，一些医院为了维持生存可能被迫采取不正当手段获取利益，最终导致"劣币驱逐良币"的后果。因此，以医保为核心的扶持政策制度必须对社会办医机构全面开放。

5. 改革公立医院体制，提高人力资源利用效率。我国公立医院人事制

度对医生有强大约束力，这种约束力包括公立医院的事业编制、事业性福利等政策垄断性因素，导致绝大部分人才被封闭于公立医院。政府应该打破公立医院在人才资源方面的垄断，逐步取消公立医院的事业编制，鼓励医生多点执业、自由执业，使其从体制人变为自由人，充分释放公立医院的专业人才资源，让民营医院学科建设有充足的、有效的人才支撑，促进民营医院医疗能力快速提高，真正推动医院的持续、健康发展。

6. 推进社会办医质量标准的制定和评价，加强行业监管，建立奖惩和退出机制。有严格、明确、清晰的质量标准和评价机制才能确保社会办医的医疗水平和服务质量；建立奖惩和退出机制，重视过程监管才能保证社会办医规范运营和健康、有序发展。

六、社会办医发展的路径和模式

从发展模式、运营质量、可持续发展能看到当前一些优秀的社会办医机构，一般有两种不同的发展路径和模式：

第一种是"类华为模式"，即与国有医院进行公平市场竞争，为打造国家级竞争力医院，而不断提升自身医疗技术水平和医疗服务能力。我们必须建立一批具有明显专科优势和出色医疗水平的社会办医机构，在医疗市场上与公立医院公平竞争，辅之以国家配套政策，促进整体医疗水平的提升。例如三博依靠自身的技术能力、服务质量、合理定价，与天坛、宣武医院展开良性竞争，推动了北京神经外科医疗市场的巨大变化，满足了更多患者的就医需求。

第二种模式是同国有医院形成良性对接、良性互动，成为公立医院在差异化需求方面的有益补充。类似于"富士康模式"，即成为公立医院的业务合作单位，作为医疗市场的有益补充，也可以发展得很好。

因此，社会办医只要定位清晰，路径明确，与国有医院竞争也可以，与国有医院互动补充也可以，必然会获得持续健康发展，进而促进整个医疗行业的发展。

供给侧结构性改革语境中的高等教育改革

——以南方科技大学改革案例分析

韩蔚[①]

2015 年 11 月 10 日，习近平在中央财经领导小组会议上首次提出"供给侧结构性改革"。2015 年 11 月 18 日，习近平在 APEC 会议上再提"供给侧改革"，指出："必须下决心在推进经济结构性改革方面作更大努力，使供给体系更适应需求结构的变化。"当前供给侧结构改革已经成为经济转型政策的主导思想。供给侧结构改革在经济领域强调"三去一降一补"，而其核心是提高生产力以及优化供给。那么在供给侧结构改革的语境下，高等教育如何直面发展中的问题，主动调整高等教育的政策与实践，优化高等教育内涵发展始终令人关注。

供给侧结构改革为当前高等教育改革带来新视角与新思路，通过梳理不难发现，教育系统从理论到实践等多个方面均对此做出积极回应。很多专家和学者针对在教育系统推进供给侧结构改革提出了积极的、有价值的思考和建议。朱永新[②]认为，加强教育供给侧改革，增加更多的教育选择，是从根本上推进教育公平的有效路径。周洪宇[③]提出"实施'新三免'是促

---

① 本文作者是南方科技大学教育研究中心副主任、南科大筹备办前副主任
② 朱永新 . "以供给侧改革促进教育公平"高峰论坛观点采撷 [J]. 中国教师，2016(12).
③ 周洪宇 . "以供给侧改革促进教育公平"高峰论坛观点采撷 [J]. 中国教师，2016(12).

进教育公平的重要制度供给"。"新三免"是指实施高中教育免费、义务教育阶段学生免费午餐、学前儿童免费阅读，这是重要的制度供给内容。杨东平[1]认为，供给侧结构改革是"改革办学体制，释放教育红利"，主要是政府简政放权，改变垄断，放开管制。李玉华[2]认为，高等教育是经济供给侧的主体，其改革是经济供给侧改革的一部分，同时高等教育改革又自成体系。易雪琴[3]认为，教育供给侧改革要实现均衡化、精准化、个性化。与此同时，和专家学者研究所关切的问题相对应的，是各级各类教育中依然存在很多问题，有些问题是事业发展中的新问题，也有一些问题是长期存在的老大难问题。

笔者从 2007 年 6 月起，全程参与了南方科技大学筹备与创建。回顾近 10 年的创校历程，恰好体现了高等学校以创新改革的思路，从提供优质高等教育供给出发，促进大学快速发展的例证。下面通过对南方科技大学几项改革的案例分析，与大家共同探讨。

南方科技大学是深圳市政府全资投入创建的一所公办大学，是国家高等教育综合改革试验校，目标是迅速建成国际化、高水平、研究型大学，建成中国重大科学技术研究与拔尖创新人才培养的重要基地。2007 年 4 月深圳市四届三中全会《政府工作报告》指出："大力推进高等教育跨越式发展，正式启动南方科技大学筹建工作。"2007 年 6 月，南方科技大学（以下简称：南科大）在深圳市政府前期内部酝酿和论证的基础上启动筹备。2012 年 4 月经教育部批准正式设立。在教育部《关于同意建立南方科技大学的通知》中，明确指出希望能看到在办学实践中，不断探索具有中国特色的现代大学制度，探索创新人才的培养模式，办出特色，办出水平，为广东省、深圳市经济发展和社会进步做出贡献。

根据既定办学目标，南科大明确"扎根中国大地，办世界一流

---

① 杨东平 . "以供给侧改革促进教育公平"高峰论坛观点采撷 [J]. 中国教师 , 2016(12).
② 李玉华 . 我国高等教育供给侧改革研究 [J]. 教育探索 , 2016(5).
③ 易雪琴 . 教育供给侧改革应把握三个方面 . 河南日报 ,2016.06.24.

大学"的使命，坚持"创知、创新、创业"（Research, Innovation and Entrepreneurship）的办学特色，学校致力于建设成为聚集和培养拔尖创新人才的学府，以及创造国际一流学术成果、推动科技应用、支撑深圳可持续发展的平台。作为一所新创大学，学校借鉴世界一流理工科大学的学科设置和办学模式，面向国家和"珠三角"地区战略性新兴产业发展的重大需求，以理学、工学学科为主，兼具医学及部分特色人文社会科学学科，具备本科、硕士、博士完整的人才培养体系。学校目前已成立 13 个院系 17 个本科专业。在"十三五"期间将分步成立理学院、工学院、生命与健康学院、医学院、商学院、人文社会科学学院以及创新创业学院。学校初步建成了一支国际化高水平的教师队伍。截至 2016 年 8 月底，在校专职教师 249 人，已签约待到岗 30 多人。其中包括多名院士，国家"千人计划"入选者 32 人，"青年千人计划"入选者 48 人，深圳市"孔雀计划"122 人。千人计划入选者比例全国领先，占深圳总数的 38%。有 228 名教师系海外引进，占总数的 92%。他们具有海外工作经验，有 60% 以上具有在世界排名前 100 名大学工作或学习的经历。学校致力于创新人才选拔和培养，在 2012 年首创并率先采用"基于高考的综合评价录取模式"招收优秀学生，即高考成绩占 60%，我校自主组织的能力测试成绩占 30%，高中学业水平考试成绩占 10%，按考生"631"综合成绩排名从高到低录取。目前南科大在校学生 3238 人，其中本科生（含留学生）2941 人，研究生 297 人。学校以"学分制、书院制、导师制"和"国际化、个性化、精英化"为核心育人理念和特色机制，采用全员住宿制书院制管理，目前共设立致仁、树仁、致诚、树德、致新、树理等 6 个本科书院。书院是南科大全面教育的核心组成部分，致力于促进学生在认知、情感、社会性等方面的多维度成长，在课堂之外为学生提供全方位的学习和丰富的兴趣活动。书院致力于为不同年级、不同专业的学生以及导师营造一个关系密切、互动交流的师生社区。在本科教学方面，学校坚持"拓宽专业口径、强化学科基础、鼓励学科交叉、自由选择专业"的原则，让学生掌握学术领域的研究方法和思想体系，具有合理的知识和能力结构；为学生接触学科（领域）前沿研究成果及参与某学科（领域）前沿研究搭建平台。本科人才培养采取"2+2"培养模式，即大学第一、二学年不分专业，实行通修通识教学，强化学科基础和人文知识，大学第三年学生可根据自身的特长和发展要求选择主修专业。

回顾十年创新改革之路，南科大改革是全链条多点持续发力，系统全面推进的。深圳市委市政府举全市之力，决心"创建一所与这个城市的经济地位和历史责任相匹配的大学"。自 2007 年筹建伊始，深圳市就将南科大纳入国家事业单位改革试点，授权学校进行法人治理结构改革，"自设岗位，自定薪酬"，全面实行合同管理，南科大从一开始就是一个没有"事业编制"大学。2008 年在全国率先借助国际人才公司面向全球遴选校长。2010 年 12 月响应《国家中长期教育规划发展纲要（2010—2020）》精神，创办"自主招生""自授学位"的教改实验班。2011 年 5 月为保障依法办学，探索建立具有中国特色的现代大学制度，以"深圳市人民政府令"发布《南方科技大学管理暂行办法》，"一校一法"为全国首创。2011 年作为学校最高决策机构的大学理事会成立，理事会由政府代表、学校管理团队和教职工代表以及社会知名人士等组成。2011 年学生完全书院制实行。2012 年首创并实行了"基于高考的综合评价录取模式"，即"631 录取模式"，打破了几十年来高考一考定终生的大学录取模式。2016 年学校在全国 22 个招生省份中生源质量迅速提高，平均排名 30 左右。近日，《自然》增刊"自然指数 2016 新星榜"出炉，在全球 100 家高质量科研论文增长最显著的国家和机构中，南科大排名全球第 62 位，增速居全球第 3 位。

南科大是近 10 年国内高等教育改革的一个风向标，也是国内高等教育改革的一个缩影。南科大的一系列改革措施，充分展示了一所大学的创新活力，特别是一些改革的思路和措施已经在一定的范围内产生影响并获得成效。"问渠那得清如许？为有源头活水来！"南科大何以在短短的几年时间内，迅速成为深圳高端人才的聚集地，优秀的科研成果和论文呈现良好势头，只有两届 200 名毕业生却能成为全国各地优秀高中毕业生竞相选择的心仪大学？笔者认为主要得益于以下几个方面的原因。

首先得益于全国和深圳改革的环境。2007 年《深圳市城市总体规划 (2007—2020)》获广东省政府批准。"与香港共同发展的国际性城市"成为 深圳城市未来发展的目标，这是深圳在城市发展性质方面的一个重大突破。 2008 年 12 月，国务院批复同意实施《珠江三角洲地区改革发展规划纲要 （2008—2020 年)》，广东改革发展进入新的历史时期。2010 年《国家中长期 教育改革规划纲要（2010—2020)》颁布，我国高等教育掀起了新一轮改革 的浪潮。从中央到地方，改革的大政方针，为南科大早期筹备工作提供了 广阔政策的空间。

二是得益于制度创新。制度改革是创造财富的源泉。提供合理政策供 给可以激发出巨大的活力。《珠江三角洲地区改革发展规划纲要（2008— 2020 年)》指出，科学发展，先行先试，求真务实，真抓实干，用新思维 和新机制谋划高等学校新一轮改革发展。基于这样的指导思想，南科大在 大学初创时期就牢牢把握制度创新的方向，保障创新的思想和理念能够在 每一个制度的具体设计中落地，在每一项具体的实践中践行制度设计的 初衷。

学校是一个重要的中间环节。对于政策供给来讲，学校是需求方；而 对于公众而言，又是供给方。中国教育学会会长、南方科技大学理事钟秉 林①指出，中国当前教育的主要矛盾是我们能够提供的教育资源与全国人 民所期待的优质教育资源供给不足之间的矛盾。既往的教育发展方式和资 源配置方式已不能适应我国经济发展方式转变和建设人力资源强国等重大 战略的实施，不能适应教育发展重心调整的需要，必须根据新的发展目标，选择更加符合教育规律、更加适合国情的发展方式和资源配置方式。

供给侧结构改革的目标应该是改变现存供需关系中那些影响有效供给 的部分，从而能够提供更加有效供给。何谓有效供给？简而言之，需求

---

① 钟秉林 ."加强综合改革，平稳涉过教育改革深水区".教育研究,2016(12).

方可以通过合理及可能的途径实现需求。教育供给侧结构改革，一是要调整和完善政府教育政策供给。供给侧结构改革的目的，是进一步解放和发展生产力。通过简政放权、管办评分离等政策进一步落实办学自主权，是教育供给侧结构改革的核心要义。一方面发挥学校办学的能动性，充分激发和释放学校内在活力，提高学校内涵质量，一方面强化学校的自主管理意识，加强学校问责与监督。二是要加强改革的系统性设计。供给侧结构改革是一个多方关联系统性工作，改革政策一定要系统，割裂地、孤立地"头疼医头，脚痛医脚"只能形成一个个政策孤岛，于推进改革毫无意义。比如近年来教育系统实施的多项改革措施，比如教师的绩效工资改革、学校办学水平评估、传统文化进课堂等等改革，由于缺少系统性设计，各项措施之间相互割裂，不能形成合力，很多改革项目只能半途而废。因此自上而下的改革要提供配套措施，要给基层实践留有自主能动的创造性空间。三是要精准定位，鼓励各级各类教育按照不同类别和层次构建多元灵活的供给方式。四是构建积极的供给者心态，实现自主、自律和自信。激发供给方的责任感和自主性，解决好"要我改"和"我要改"的问题，更重要的是改变思考的逻辑。

供给侧结构改革，高等教育下一步怎么办？高等教育在我国目前仍然是以政府投入为主的社会公益事业。在我国，高等教育的资源供给，特别是高等教育优质资源的供给绝大部分由政府提供。经过十多年的努力，高等教育改革已经在很多方面取得成果，改革已经进入"深水区"，剩下的都是"硬骨头"，面临的问题也越来越复杂。要解决当前高等教育面临的问题，笔者认为，下一步我国高等教育借供给侧结构改革发力，推进大学的法人化。法人治理结构最重要的特征是自主与问责。通过推进大学法人化，将激发我国高等教育新动能，进一步激发和释放高等学校的办学活力，赋予大学更多的办学自主权，同时加快建设和完善大学问责机制，使大学通过自我约束提高内在质量。新加坡和日本在这方面提供了很好的经验。2007

年以来，新加坡通过大学法人改革取得了非常明显的效果，在国际著名的大学排行中名次迅速攀升。南科大法人治理改革经过近十年的探索与实践也已经初见成效。

教育供给侧改革的认识论和方法论

张显峰 ①

关于教育，有一个妇孺皆知的提法，叫"办人民满意的教育"，然而，从舆论表现来看，人民似乎总是对教育不满意。在山沟里教学点上学的不满意，在北京上名校的也不满意，甚至后者的不满意程度更高一点；过去的单位里能有几个大学生就不错了，现在的单位里博士、硕士遍地，用人单位还是不满意；过去没有那么多课外班、培训机构、教育理念，大家不焦虑，现在这种学校之外的学习机会越来越多、新理念层出不穷，大家焦虑了。为什么？这恐怕是我们思考教育供给侧改革如何破冰攻坚的现实基点。

教育供给侧改革的核心肯定是供给结构，目标指向应是教育需求。我注意到，今年以来相关研究呈井喷之势，在中国知网检索"教育供给侧改革"有 2 万多条目录，而去年的论文目录不到 1000 条，2014 年不到 200 条，再往前更少。说明这个问题已经引起研究者的高度关注。但我也注意到，绝大多数研究文章多聚焦于专业、战术层面，宏观战略层面的研究不多。

当下的教育供给侧改革，还是应该先回到基本面上来探讨，先解决认识论，再研究方法论。

---

①　本文作者是《中国教育报》副总编辑

一、教育供给侧改革要跳出教育看教育

邓小平同志 1983 年给景山学校的题词"教育要面向现代化，面向世界，面向未来"，是我国改革开放以来指导教育工作的重要思想。"三个面向"里，其实是隐含了这样一层含义的，那就是教育改革和发展不能只面向当下的"自己"。理性地看今天教育领域所面对的种种困扰，很大程度上是因为教育改革和发展跟不上社会变革的步子，老站在墙内看问题，缺少外围视角和系统思维。

今天的教育改革发展，早已和社会互相交融，想象中的象牙塔不在了。社会对教育变革的诉求，社会与教育的交锋，也几乎是白热的。我们必须正视这一点。所以教育的供给侧改革，需要跳出教育看教育，跳出教育改教育，深化综合改革，才可能逼近"办人民满意的教育"的愿景。

跳出教育看教育，看什么？至少要看到五个变量。

一是供求关系。教育的供求关系已经发生了质的变化。过去是教育供给什么，老百姓就接受什么，而且教育供给带来的改变几乎是可预期的，只要孩子足够优秀，一路升学，一直升到大学，整个家庭的命运都可能因此改变；但现在情况变了，教育选择越来越多，老百姓的需求也变了，教育结果也越来越不确定，供给和需求之间不再是线性对应关系，而是多元化的相互结构关系，那么评价供给的标准也就变了。

二是发展环境。今天的社会发展环境处在急剧变革中，经济、文化、科技、教育等领域都已经和世界握手，站上了国际舞台，老百姓对教育的选择已经放到世界视野中，对教育的审视也是世界坐标，对教育的质量要求也是世界标准，国内教育的有效供给不能满足老百姓的需求，老百姓就会用脚投票。这就对供给的结构、数量和质量都提出了更高更新的要求。加之信息技术的深度介入，教育本身也增加了不确定性，未来教育会是什么样的，信息技术能不能拉平教育鸿沟，如何有效促进教育公平，信息技术如何合理地介入教育，这都是需要参考的变量。

三是资源条件。教育财政支出占 GDP 的比例实现了 4% 的目标，而且这几年随着 GDP 总量在增长，资金盘子越来越大，然而城乡之间、区域之间的差距仍很大，虽然国家这些年出台了一系列促进均衡的政策，但由于资源条件的差异，补短板的任务仍很艰巨。而且随着城镇化速度的加快，这种差距导致的供给和需求关系处在一种不确定之中，比如城镇的"大班额"和乡村的"麻雀校"，也不是此消彼长的线性关系。资源条件导致的最大供给难题是教师，教育的差距归根结底在教师，城市里择校那么热，择的是学校里的大楼和设备吗？不是，而是教师。那么在资源条件差距甚远的情况下，如何解决优质教师资源的供给，这是教育供给侧改革必须下力气啃的硬骨头。

四是评价标准。供求关系变了、竞争环境变了、资源条件变了，相应的，社会评价标准也变了，变得多元化、个性化、差异化，因此教育的供给侧改革必须考虑如何满足多元、个性、差异化的社会需求。

五是舆论环境。改革最难的是共识。今天的媒体环境下，社会舆论广泛、深入地介入教育活动，使得任何一件事情的推动都掺入了舆论变量，如果没有有效的宣传、阐释和动员，贸然推动改革，只会事倍功半，甚至功亏一篑。良好的舆论空间是教育改革不可或缺的一部分，可以说是软性的硬约束，教育供给侧改革慢不得也急不得，要在家长、学生、教师、校长、局长，家庭、社会、学校、部门、政府之间形成互相理解的舆论氛围和多方协调的教育合力，改革才可能事半功倍。所以，改革者的舆情研判能力、应对能力，也是改革的题中之意。

这五个变量是研究教育供给侧改革时不得不考虑的因素，这也意味着教育供给侧改革必将是一场复杂的、系统的科学工程。

二、先研究需求结构再谈供给侧改革

当我们谈论教育供给侧改革的时候，实际上还是得回到需求和结构上来。

需求分短期和长期。短期内人们对教育的需求是什么？核心恐怕还是教育公平，补短板。就像习近平总书记 9 月 9 号在北京市八一学校考察时说的，教育公平是社会公平的重要基础，要不断促进教育发展成果更多更公平惠及全体人民，以教育公平促进社会公平正义。要加强对基础教育的支持力度，办好学前教育，均衡发展九年义务教育，基本普及高中阶段教育。要优化教育资源配置，逐步缩小区域、城乡、校际差距，特别是要加大对革命老区、民族地区、边远地区、贫困地区基础教育的投入力度，保障贫困地区办学经费，健全家庭困难学生资助体系。要推进教育精准脱贫，重点帮助贫困人口子女接受教育，阻断贫困代际传递，让每一个孩子都对自己有信心、对未来有希望。这非常精准地指出了短期内或者说中短期内，教育供给侧改革的方向，瞄准的是需求，着力点是结构（针对学段、区域、资源、环境、人群的供给）。也就是说，中短期内的教育供给侧改革，要解决的重点是发展问题，是机会公平问题。从供给的角度就不能大水漫灌，必须有针对性地研究当下的需求，精准化地进行结构性调整和有效性供给，把短板补起来。

而从长期来看，教育供给侧改革必须在需求的不确定性上加大研究力度，并根据研究形成动态调节机制。当教育公平从机会公平转向过程公平，进而追求结果公平的时候，很多不确定的因素就会叠加，需求一方面变得更加多元，另一方面存在很多"潜伏态"，教育供给能不能激活新的需求市场，也是不得不考虑的。特别是针对产业结构和人口结构的教育供给研究和动态调节机制研究，必须跟上。如习近平总书记 9 月 9 号在北京市八一学校考察时强调的，教育决定着人类的今天，也决定着人类的未来。时代愈是向前，知识和人才的重要性就愈发突出，教育的地位和作用就愈发凸显。我国正处于历史上发展最好的时期，但要实现"两个一百年"奋斗目标、实现中华民族伟大复兴的中国梦，必须更加重视教育，努力培养出更多更好能够满足党、国家、人民、时代需要的人才。

"更多更好能够满足党、国家、人民、时代需要的人才"这个论断，就包含了变量因素，着眼长远的教育供给侧改革，必须从宏观战略层面进行需求侧的研究。科技革命、产业转型、社会变革对教育提出了全方位的挑战。未来5到10年是我国经济社会转型升级的关键时期，我国能不能实现全面小康社会，能否迈进创新型国家和人才强国行列，能否实现国家治理体系和治理能力现代化，教育供给起着关键作用。那么，教育改革就要有现代眼光、世界眼光、未来眼光，摒弃"头痛医头，脚痛医脚"的补丁式改革，着眼于整个经济社会转型升级的大趋势。

比如"中国制造2025"等带来的需求变化，意味着对未来产业变革的趋势要有研究预判，从而对人才培养结构科学地调整，优化教育供给结构。因为其中科学、技术、产业发展的不确定性，所以必须进行动态的、持续的、顶层设计层面的研究设计和机制建立。

再比如，全面二孩政策实施后，人口结构发生了变化，持续未来一二十年的，各个学段、区域、人群的教育供给规模到底要多大，这需要点面结合、大数据和可量化的分类研究，否则有可能会导致"短缺"和"过剩"并存的教育供给结构性矛盾。这样的研究已经超出教育改革的单一范畴，也超越教育部门的一隅视野，需要顶层综合的战略研究，针对城镇化、人口流动等可能导致的变量，进行系统的社会学研究和应对。

三、操作层面需要深入研究的几组关系

教育供给侧改革要从教育发展面对的急迫问题和老百姓反映强烈的问题入手，回到操作层面来解决实际需求。在具体操作中，常常会发现很多问题是既对立又统一的矛盾体，因此必须从方法论的高度，辩证地处理好一些核心的关系。

一是数量和质量的关系。量变是质变的前提。改革开放30多年来，我国全面实现了免费9年义务教育，高中入学率从20%提高到87%，高等教育

毛入学率从 3% 提高到 40%。正是教育在量上的快速发展，我国才实现了从人口大国向人力资源大国的转变，现在已经拥有世界上最大的教育规模、最大数量的高校在校生。然而从义务教育年限、升学率等指标看，与发达国家甚至中高收入国家仍有差距，量的供给仍需进一步提升，没有数量就没有质量。数量和规模是路基，"高铁"能不能跑得更快更稳既取决于路基稳不稳，也取决于铁路和机车的整体质量，教育改革的最终指向是"十三五"规划纲要提出的"提高教育质量"总目标。

二是公平和效率的关系。一定要看到，教育领域的供给侧改革和经济领域的供给侧改革逻辑是不同的，经济领域供给侧结构性改革遵循的是经济逻辑，必须按照经济规律办事，而教育则要遵循教育逻辑，按教育规律办事。比如，前者要求降成本，效率优先，而后者则不一定，在农村边远山区即使只有一个孩子入学，也要保证其学校照常运转，不能剥夺孩子受教育的权利，公平是教育发展的主题，要具体到每一个个体，每一个问题上来。教育的机会公平必须先于效率，特别是基础教育，必须坚持公平优先的发展原则，最终落脚到有质量、有效率的公平上来，因此教育供给侧改革要在公平的前提下，通过教育均衡的有序推进和新技术的有效应用，不断提高供给效率和教育质量。而现阶段的职业教育和高等教育发展，在公平的前提下，要以质量为纲，迅速向效率和质量转型，社会的质量诉求越来越高，其改革应以内涵增长和提升质量为目标，尽快优化供给结构，以破解"就业难"与"用工荒"的结构性矛盾。

三是基层和顶层的关系。改革既要有顶层设计，也要有基层首创，特别是在操作层面，不能搞"俄罗斯套娃"。国家战略层面要明目标、定标准、划底线，分清哪些是综合改革，哪些是专项改革，特别是教育综合改革要从体制上、从顶层设计开始打破教育部门一家单兵突进的格局，有总的任务，有责任分工。在顶层设计之下，再分部门、分区域、分专项、分阶段研究宏观需求、设计改革路径，具体实施要给基层充分自主权，给责任主体充分自主权。回到教育规律，明确供给标准，全社会按照教育规律分级分层、各负其责、各行其是，才可能消除思想上和体制上的壁垒，激活改革创新的潜能，打通教育的供给体系。

教育的终极使命是立德树人，我们不仅要培养"更多更好能够满足党、国家、人民、时代需要的人才"，更要通过教育引导人们做"心灵纯洁、人格健全、品德高尚的人"和"有文化修养、有人文关怀、有责任担当的人"。教育供给侧结构性改革，无论是认识论还是方法论，最终要回答的一定是这个根本问题。当教育超越了选材的工具使命，回归育人的本来，教育也就回归了本真。

能源行业供给侧结构性改革

高世宪[①]

2015 年 11 月 10 日，习近平总书记在中央财经领导小组第 11 次会议上首次提出"供给侧改革"。12 月，中央经济工作会议强调要着力推动供给侧结构性改革，提高供给体系的质量和效率，增强经济持续增长的动力，推动我国社会生产力水平实现整体跃升。能源形势已经发生改变，由过去以解决需求为主转向提高质量。通过优化能源供应存量去产能、去库存；通过科技和制度创新，提升增量质量（降成本、补短板）；多管齐下，推动能源生产和消费革命，实现能源从高碳到低碳转变，从低效到高效转变，从污染到绿色转变，从集中式生产到集中与分布式相结合转变，从片面强调供给保障需求到合理控制需求与科学增加供给转变，使能源行业最终走出安全经济、绿色低碳、清洁高效发展的模式。

一、能源领域是供给侧结构性改革的重要领域

一方面能源行业需要提质增效，如煤炭等产能严重过剩行业如何去产能，电力行业如何优化结构；另一方面，能源行业还需要通过率先变革，降低能源供给成本，为其他行业结构性改革提供坚实基础。

[①] 本文作者是国家发展和改革委员会能源研究所副所长

首先,能源是国民经济重要的组成部分,是投资的重点,国有资本占比较高;

其次,能源成本在企业生产成本中占比较高,降低能源成本,对于搞活企业,增强企业竞争力具有重要意义;

第三,能源领域科技创新,能够带动社会生产力水平的提升,促进制造业转型升级,带动经济发展;

第四,电力、天然气、油品价格与居民生活密切相关;

第五,能源开发利用引起环境污染问题突出,严重影响人民生活质量。

二、能源供给侧存在的问题

主要表现在:

1. 存量中煤炭产能严重过剩。

2. 电力结构不优(煤电、风电、太阳能利用率下降)。

3. 火电利用小时数显著下降,弃水、弃风、弃光规模不断扩大。

4. 石油加工与炼制设备负荷率持续走低,油品质量,特别是柴油质量参差不齐。

5. 能源行业垄断性强,基础设施薄弱,应急与调峰能力差。

6. 企业经济效益滑坡,资产负债率走高;内部效益下降,外部降成本压力增大。

7. 发展可再生能源科技支撑相对薄弱。

8. 增量上,优质能源发展仍面临制度、技术和利益方面的障碍。

三、能源供给侧结构性改革的难点

去产能是要淘汰落后产能,保护先进产能,引导退出产能。目前的限产不等于去产能,难以同步实现促进产业优化升级。核心难点在于:人员安置、行业效益引发的债务和信贷、提升企业核心竞争力。在目前的去产能中市场作用难以短期见效，政府作用难以区别对待。但需要立足当前，放眼长远，不能急功近利，需要有个合适的时限。

能源行业推动供给侧结构性改革面临难题主要有：

1. 退出企业职工的保留和安置：在能源产业方面，特别是资源型产业，职工的转岗和安置相当困难。

2. 企业债务：已经退出的产业的债务也会成为企业的负担，为企业转型升级增加难度。

3. 效益下滑和降成本使目前能源行业经济效益不断下滑，能源行业还需要通过率先变革，降低能源供给成本，为其他行业结构性改革提供坚实基础，处于一个两难境界。

4. 分离社会职能。

四、供给侧改革的方向和重点

（一）务实推进能源体制改革，助推能源供给侧改革

能源供给侧结构性改革应该与能源体制改革统筹设计。开放的市场、科学的监管、有效的政策对科学有序推进供给侧结构性改革具有重要意义。应该抓住当前电力体制、油气体制改革的大好机遇，务实推进能源市场化改革，减少政府干预与管制，构建开放竞争的能源市场。

1. 构建有效竞争市场体系。放开竞争性环节，加强对垄断性环节监管。竞争性环节包括资源勘探、生产、销售和进出口贸易。在有关油气探采许可证制度上，应放开各类资本进入权，通过招投标等方式选择勘探主体。继续完善大用户直供模式，减少中间环节，降低成本。

2. 完善价格形成机制。对具有自然垄断特性的油气管网、电网等环节，可在一定范围内由独立法人主体垄断运营，政府加强监管，并按"准许成本加合理收益"原则严格核定价格。对终端零售市场，逐步放松政府定价

或指导价，由供需双方根据市场条件自主决定价格，通过价格信号引导微观经济体运行。加强价格信息披露，促使市场主体在更加透明化的规则下运作。

3. 推进政府监管方式转变。组建由全国人大体系下的高规格能源监管机构，对能源行业独立开展监管。

4. 建立健全能源法制体系。

（二）积极推进能源技术革命，实现能源转型升级

能源科技创新是推动供给侧改革的基础和重要举措。通过技术强创新，提升能源装备水平，提高各能源行业生产效率和经济效益，提高国际竞争力。

1. 大力推广国内成熟的、高效清洁的能源技术。如储能技术、电动汽车、煤炭无害化开采、第三代压水堆、热电联产、先进天然气发电、高效清洁燃煤等技术。

2. "引进技术、消化吸收、立足国内制造"的国际成熟主流常规能源技术。如大型燃气轮机、大型气化炉、大型循环流化床锅炉、智能制造、柔性输电、微电网控制等技术。

3. 跨越式扶持近期接近成熟的新兴能源技术。如风电、太阳能发电、可再生能源供热及发电并网消纳、电动汽车、智慧能源输电及信息等技术。

4. 重点突破近期不能达到商业化应用的后续能源技术。如煤炭多联产、CCS、新型高效太阳能发电、燃料电池、高效储能、可控核聚变等技术。

因此，国家层面加强基础性、前瞻性、关键性技术的攻关，在财税政策上营造科技创新的良好环境；以企业为主体开展技术创新研究，激发员工创新积极性，提高技术转化率；科学培养、引进和使用人才，调整学科设置，培育复合型人才；引进适合当前环境的国际人才。

（三）减少低质低效能源供给，平稳化解产能过剩

供给侧改革核心是以较低的成本增加优质高效供给，不断减少和消除低质低效供给，并动态推进。

目前化解产能过剩的核心在利益分配，如何处理好仍在经营期内合规、相对低效企业退出，以及退出职工的安置、经济补偿、银行还贷成为问题的关键。

另外，从电力行业看，如何优化电力系统，在大力发展可再生能源的基础上，保证电力调峰、系统稳定运行机组的经济补偿机制也日益需要进一步完善，合理规划不同机组类型在电力系统中的功能，并通过配合合理的机制取得效益。

第四章　地方与国企改革的躬行探索

地方供给侧改革，下一步怎么办

——对部分省市供给侧改革方案的初步研究

滕泰 等[1]

今年以来，随着中央对供给侧结构性改革的思想体系逐步完善，各地方对供给侧改革的认识更加深入，结合自身实际情况，半数省（直辖市）陆续出台了供给侧结构性改革实施方案。对比和分析广东、四川、浙江、湖北、上海、山东、安徽等十六个省（直辖市）的方案发现，地方政府已经越来越深刻地认识到供给侧结构性改革的重大意义，能够结合当地实际制定有针对性的改革措施，供给侧结构性改革的形势总体上很好，也存在部分技术上的设计问题。归纳起来，这些省市的方案主要呈现以下特点：

第一，以"三去一降一补"破题，逐步开始重视培育新供给、新动能。

多数省份都将"三去一降一补"作为供给侧结构性改革的重点任务，并提出了操作性较强的改革措施。部分省份在部署"三去一降一补"五大任务之外，逐步开始重视培育新供给、新动能，并提出了相应的鼓励创新措施——新供给、新动能与去产能、去库存，是相同方向并排而行的两条河流，只有它们汇聚成一条河流时，供给侧结构性改革才能从根本上提升经济潜在增长率。

正如习近平总书记在省部级主要领导干部专题研讨班讲话时所指出的，

---

① 本文由滕泰、张海冰、刘哲、王娇、赵静共同执笔

推进供给侧结构性改革，要从生产端入手，重点是促进产能过剩有效化解，促进产业优化重组，降低企业成本，发展战略性新兴产业和现代服务业，增加公共产品和服务供给。习近平总书记还指出，供给侧结构性改革，重点是解放和发展社会生产力，用改革的办法推进结构调整，减少无效和低端供给，扩大有效和中高端供给，增强供给结构对需求变化的适应性和灵活性，提高全要素生产率。由此可见，五大重点任务是推进供给侧结构性改革的"入手之策"，完成这五大任务，不仅为供给侧改革"破题"，而且为扩大有效供给、培育新供给创造了条件。在此基础上，很多省份还提出了创造新供给、引领新需求的政策措施。

例如，四川省的推进供给侧结构性改革总体方案，除了"三去一降一补"，还提出"一提一创一培"，即提质量、创品牌、培育新动能新动力。

又比如，上海市《关于推进供给侧结构性改革的意见》提出了八个方面的重点任务：以制度创新为核心，着力构建开放型经济新体制；以科技创新为引领，着力培育经济发展新动能；加快政府管理制度创新，着力提高行政效率；加快推动产业结构转型升级，着力扩大有效供给；以深化国资国企改革为重点，着力激发各类市场主体活力；推进金融开放创新，着力防范金融风险；多措并举降成本，着力减轻企业生产经营负担；聚焦城乡发展一体化，着力补齐薄弱环节短板。——可以看出，这个方案的思路紧紧围绕创新、发展、增加有效供给，同时又注重降成本、补短板、激发市场主体活力，抓住了供给侧结构性改革的核心精神。

深圳市在几乎无重化工业、房地产库存相对较低、政府债务很低的情况下，更致力于"降成本"和"补短板"，如该市提出，"十三五"期间供应30万套人才住房，针对高房价问题精准施策，降低其对经济的负面影响；同时深圳还大力加强基础研究，由政府牵头筹建包括数学在内的10个基础研究所，提升当地经济的长期创新潜力。

第二，简政放权，重视发挥市场在资源配置中的决定性作用。

各地在制定供给侧改革方案时，一般能够尊重市场，避免直接使用行政手段，尽量通过贴息、税收等市场化手段加以引导，让市场在资源配置中发挥决定性作用。同时，各地市在简政放权、放管结合、优化服务方面还有进一步改善的空间。例如某些省份在涉及工业、农业、服务业等具体产业政策中，规划过细，有的具体到细分行业的发展目标，有的甚至细化到具体的产品发展规划。

针对上述情况，有专家指出，"在新产业发展中直接认定特定技术路线并予以资金或政策扶持，或在去产能过程中直接认定过剩产能或'僵尸企业'，并采用一刀切的办法下达指标，事实证明这种做法最终是很难取得良好效果的"。从新供给主义经济学的角度来看，当政府为创新和发展创造了良好条件、市场在资源配置中发挥决定作用时，微观经济主体自然会通过技术创新、商业模式创新，对生产要素进行革命性重组，创造出新的供给和新的需求。这些年比较成功的新供给案例，例如华为、大疆、腾讯、阿里巴巴等，都是这样诞生的，并不是政府规划的结果。

第三，合理运用行政手段，防止形成新的供给约束。

实践证明，高税收、高融资成本、行政管制过多等供给约束，都是行政手段对经济长期干预形成的。供给侧结构性改革的任务之一，就是放松并解除这些供给约束，用改革的办法，解放和发展生产力。在推进供给侧结构性改革的过程中，各地方都比较注意合理运用行政手段，但是也有部分省份的供给侧改革方案中，包含较多行政干预措施，有可能形成新的供给约束。

例如，东北某省的政策要求，对占工业经济总量比重大、产业关联度高的重点困难企业，按新增流动资金贷款给予贴息。这种对"僵尸企业"难以割舍的情结，不仅干预了商业银行的市场化经营行为，而且会进一步扭曲资源配置。又如，西南某省在供给侧改革的相关文件中规定，对首次获得中国质量奖、提名奖的，分别奖励企业 200 万元、100 万元；对开展质量对标提升行动产品达到国际先进标准经确认的，奖励企业 50 万元；对销售收入增长 15% 及以上，且在省内行业排名前 30 位的工业制造业企业，单个企业补助最高不超过 300 万元等等。上述增加财政税收负担、影响企业偏离正常经营目标的方法，都值得商榷。又如，东部某省的方案设定目标，九大产能过剩行业的产能利用率力争回升到 80% 以上（2016—2018）、工业品产销率达到 99% 左右（2016 年）。这些指标做硬性规定，有违市场规律，会进一步扭曲企业经营行为。数据显示，美国的粗钢产能利用率在 2009 年跌至 40% 左右的低点，金融危机之后有所上升，但至今也没有超过 80%。

第四，防止以供给侧改革的名义，形成新的地方保护主义政策。

供给侧结构性改革，是党中央国务院的主动战略性选择，是推动经济结构转型和可持续发展的长效改革措施。但有个别省市，在制定本地供给侧结构性改革的方案时，顺便出台了一些带有地方保护色彩的政策。例如西南某省的一项政策规定，要制定优质产品目录，安排数亿元财政资金鼓励省内主要用户扩大利用本省产品，鼓励引导就地就近采购应用本省电子信息、汽车、钒钛优质钢材、绿色建材、医保类目录药物、节能环保装备等产品，对使用本省优质产品达到一定量的单位给予奖励。

类似的地方保护主义政策原本就是导致竞争不充分、产能过剩和"僵尸企业"普遍存在的重要原因。如果任由上述打着供给侧改革的名义，推行地方保护主义的政策泛滥，既不利于去产能、去库存，也不利于培育新供给、新动力，与供给侧结构性改革的方向背道而驰。

第五，"补短板"应突出重点，注重"软、硬"两个方面。

有些省市通过深入研究，真正找出了本地经济的"短板"，并制定了针对性的改革措施，但也有部分省份没有真正把握"补短板"的深刻内涵，而是把各项日常工作都纳入"补短板"的改革方案中，从而失去重点，让供给侧改革成为一个"筐"，所下达的相关文件，也很难落到实处。

针对"补齐软硬基础设施短板"，各地都出台了关于补齐硬件基础设施短板的相关措施，而对完善要素市场、社会保障、产权保护等软性设施方面的短板则重视不足。在很多制造业供给侧改革方案中，尚未深刻意识到品牌、技术、质量、定价权等软价值才是中国制造业真正的"短板"。例如，南方某省在供给侧结构性改革补短板专项计划中，制定了九项工作目标，其中90%都是电网、天然气管网、道路交通等硬件基础设施，而对于鼓励创新创业、完善市场机制、促进要素流动、改善软环境方面的软性基础设施短板则涉及较少。

第六，要防止供给侧改革实践中的形式主义。

随着中央关于供给侧结构性改革的理论体系越来越明确和完善，各地方政府也已经逐步领会供给侧结构性改革的核心思想和指导精神，但是在制定改革方案时，仍然有简单照搬中央文件、走形式的现象，既没有对本地区的供给侧结构性突出矛盾和问题进行深入剖析，也没有提出有针对性、可操作性的供给侧改革完整举措，更没有明确部门落实责任。如果任由部分省份供给侧改革方案仅停留在传达概念、做表面文章的层面，势必引起县市、各基层部门各级政府层层效仿，长此以往，必将使供给侧结构性改革的重大战略部署在这些地区落空。

调研发现，各地方在制定和实施供给侧结构性改革方案时，在全面降低要素成本、推进关键领域或行业的供给侧改革等方面，普遍存在着一些难点：

例如，全面降低要素成本，需要中央统一部署和地方共同推进。由于土地管理的权限、土地管理的制度基本由中央政府掌握，地方在降低土地要素成本方面可做的空间非常有限，很多地方的供给侧结构性改革方案，对如何降低土地成本均没有涉及或只能在权限范围内进行一些微小调节；又如，信贷和货币是全国统一市场，地方政府很难影响信贷资金的成本和流向，只能通过财政贴息甚至对地方金融机构进行行政干预的办法略微施加影响。

又如，教育、医疗、养老等供给侧结构性矛盾最突出的领域，目前各地方案涉及并不多，尚需主管部门和行业协会以创新的思路深入推进。

最后，一些以"破坏性创造"为特征的新技术、新模式等新供给形态，虽然会成倍地创造有效需求，增加经济发展的动能，但是也会打破原有的利益格局，影响部分群体既得利益。例如，优步、滴滴出行等商业模式创新，创造了新供给，满足了新需求，解决了多年以来的大城市打车难问题，但这也对传统的出租车公司和司机造成冲击，引发了部分城市出现出租车停运等现象。在供给侧改革过程当中，随着新旧动能的转换，"新供给"不可避免会对"老供给"产生一定的冲击，从而有可能引发相关社会群体的反弹。对此，中央政府一方面要鼓励地方政府调动各种资源，积极化解社会矛盾，另一方面建议视情况给予一定的"改革考核宽松度"。

总体来看，对于供给侧结构性改革这一战略部署，各地方政府已经从去年四季度的雾里看花，到今年以来躬行探索、积极付诸行动。如果能够加以引导，避免各种偏差，地方供给侧改革有可能出现因地制宜、百花齐放的良好局面。长期来看，供给侧改革推进的深度，可以从以下三个方面衡量和比较：

转型的力度。转型需要依靠完善的要素市场和强大的社会保障，推动生产要素从供给过剩、供给老化的行业向新供给形成、新供给扩张的产业转移。在这个过程中，地方政府应尽量避免直接行政干预或力挺"僵尸企业"。有些地方政府对"僵尸企业"难以割舍，主要还是担心社会稳定，与其将宝贵的财政和信贷资金给"僵尸企业"输血，还不如用这些资源建设要素市场，提供社会保障，从"授人以鱼"到"授人以渔"。

放手的效果。就是放松高行政成本、高融资成本、高税收成本三大供给约束，确保经济反弹复苏的效果究竟如何——通过简政放权，市场主体的成本降低了多少？通过放管结合，民间投资的活力增加了吗？通过优化服务，创新创业的环境是否改善？总体而言，新供给新动力涌现的障碍和约束减少了没有？提到结构性改革，地方政府很容易将其理解为用行政或计划手段"调结构"，而不是用改革的办法促进结构调整。很多地方官员，内心还是不太相信市场的力量，习惯用计划或规划的手段进行行政干预。十八届三中全会明确指出，要让市场在资源配置中发挥决定性作用，而在具体执行中，应遵循"简政放权、放管结合、优化服务"的方针，大力清理各种不必要的行政审批，努力降低企业融资成本和税收负担，放手让企业轻装上阵，释放有效供给和有效需求。

改革的深度。要看五大要素市场化的程度是否有实质性提高？医疗、教育、能源、交通、通信等关键产业和领域的改革是否有突破？通过供给侧结构性改革，就是要提高要素供给效率，全面降低要素供给成本，让人口与劳动、土地与资源、金融与资本、技术与创新、制度与管理五大财富源泉充分涌流。

习近平总书记曾指出，地方是推进改革的重要力量。因此只要地方政府在供给侧结构性改革的方案制定和实施中，全面准确理解供给侧结构性改革的理论和指导思想，大胆创新实践，中国经济增长的发动机必将焕发出新的动能。

上海推进供给侧结构性改革的经验和展望

肖林[①]　钱智[②]

一、我国供给侧结构性改革的理论框架

　　基于一系列关于中国结构性改革和政策问题的研究，通过进一步深化、系统化、理论化，我们对中国供给侧结构性改革的理论框架进行了探索。供给侧结构性改革不同于中国过去的供给侧改革，它是更具体系性、综合性和全局性的，它的目标在于增强持续增长的内在动力和外在动力，从而提升经济增长质量效率、最大限度地解放和发展生产力。

　　1.持续增长的内在动力即要素新供给，也就是寻求要素资源效率最优化。实现要素新供给，首先要强化全要素生产率，提升劳动、资本、技术、土地等生产资源要素的产出效率，这是推动供给侧结构性改革的动力源，也是解放和发展生产力的基础。其主要途径包括：实施创新驱动发展战略，促进劳动力、资本、技术等供给质量的上升，推动产业从中低端向中高端迈进；建立依法、规范、透明的管理制度，提高劳动参与率和储蓄率，改善劳动力和资本配置结构等。其次，要改善资源配置效率，促进资源要素在不同生产领域合理流动、科学配置，发挥市场对资源配置的决定性作用。

　　①　上海市人民政府发展研究中心主任、党组书记
　　②　上海市人民政府发展研究中心改革处处长、研究员

其主要途径包括：促进生产结构的调整，强化不同产业结构内部资源要素的释放以及重新配置，实现资源要素价值的再发掘，比如倒逼产能过剩行业的优胜劣汰等。

2. 持续增长的外在动力即制度新供给、结构新供给、政策新供给，也就是寻求经济运行效率的最大化，这是对解放和发展生产力的保障与促进，也是对资源要素有效供给和市场优化配置的保障。其中，制度的新供给主要是为发挥市场对资源配置的作用服务，具体体现在三个方面。一是完善资源要素有效供给的市场制度，促进资源要素自由流动、合理定价、公平交易等。二是完善资源要素有效配置的市场制度，强化企业在资源要素配置中的主体地位，增强企业竞争活力，释放企业创新动力。三是打破原来的制约资源要素市场化供给和配置的制度藩篱，包括推进户籍制度和社会保障等领域的改革、推进土地制度改革等。结构的新供给着眼于化解当前经济社会发展中存在的结构性矛盾，包括投资与消费的矛盾、经济增长动力的矛盾、产业发展不均衡的矛盾、实体经济与虚拟经济的矛盾等，通过结构优化，调整错配的资源要素，释放资源要素的价值，加大资源要素供给的需求拉动力。政策的新供给主要是为了短期的需求侧协同和中长期的结构调整与制度建设，在短期，通过财政政策和货币政策稳定和扩大总需求，防范风险，为供给侧结构性改革创造条件；在中长期，要致力于引导产业结构调整、增强民生保障、架构市场规则等。

二、上海推进供给侧结构性改革的实践探索

上海在"十二五"期间率先提出创新驱动发展、经济转型升级，某种程度上就是供给侧结构性改革的前期探索。在中央提出供给侧结构性改革之后，上海围绕中央的新要求，将供给侧结构性改革进一步上升到战略高度，依托两大战略，落实五大任务，出台了一系列重大举措，取得了积极成效。

1.加快建设具有全球影响力的科技创新中心，是新时期中央对上海的新定位、新要求，也是推动供给侧结构性改革的要素新供给、提高全要素生产率的重要抓手。上海牢牢把握全球新一轮科技革命和科技创新格局调整的机遇，在去年制定了科技创新中心建设的22条意见和9项配套政策，一年来成效显著。首先是强化市场机制，放宽"互联网+"等新兴行业市场准入管制，加快政府职能转变，简政放权。其次，强化资本市场对创新的支持力度，设立上海股权托管交易中心科技创新板，加快战略新兴产业板建设；推动建立覆盖全市的科技银行服务网络，推动设立民营银行及专注服务科创企业的专业证券公司、小额贷款公司，构建以科技园区为重点的科技融资服务平台等。第三，强化知识产权保护，制定修订一系列涉及知识产权的法规与政策；谋划建立知识产权交易中心，完善知识产权估值、质押、流转体系；推进知识产权管理改革，在浦东成立专利、商标、版权三合一的知识产权局；设立知识产权发展基金等。第四，优化人才管理机制，拓展科研人员双向流动机制，鼓励科研人员在职离岗创业；加大激励力度，将创新成果和个人利益进一步挂钩；简化外籍人才永久居住证申请程序，改善国内人才落户政策等。第五，优化社会创新服务网络，试点开展科技中介服务体系建设，推动众创空间和各类研发机构蓬勃发展等。第六，优化创新工程和创新载体布局，加快张江综合性国家科学中心建设，推进国家级大装置、大设备和大平台落户上海，包括超强超短激光、国家海底长期观测网、上海石墨烯产业技术平台和张江国家实验室等；布局和实施一批重大战略项目和基础工程，包括智能汽车和新能源汽车、大数据与云计算、高端装备、高端医疗装备与精准医疗等，促进关键领域的技术突破与创新升级；以建设各具特色的科创集聚区为抓手，各区县初步形成以点带面、点面结合的科技创新空间布局，例如张江示范区、紫竹高新区等。这一系列措施有力地激发了全社会创新创业活力，上海的每万人发明专利拥有量从2011年的3.9件大幅提高到2015年的7.3件。

2.建设中国（上海）自由贸易试验区，是我国在新形势下推进改革开放的重大战略举措，也是供给侧结构性改革中制度新供给的重要内容。上海率先探索与国际投资贸易通行规则相衔接的制度体系，取得了一系列可复制推广的重要成果。基本形成了以负面清单管理为核心的投资管理制度，2013 年版、2014 年版、2015 年版外商投资负面清单相继出台，统一的市场准入负面清单试点也正在抓紧展开；积极改革境外投资管理方式，对境外投资一般项目实行备案制，逐步扩大服务业对外开放。基本形成了以贸易便利化为重点的贸易监管制度，率先建立国际贸易"单一窗口"、实施货物状态分类监管试点，海关、检验检疫部门和口岸办推出了一系列贸易便利化措施，国际航运发展制度逐步完善。基本形成了着眼于服务实体经济发展的金融开放创新制度，以自由贸易账户为核心的金融开放创新深入推进，面向国际的金融交易平台相继建立，包括"沪港通"、上海黄金交易所"国际板"等，金融服务业对内对外开放积极推进，并在推出每一项金融开放创新举措的同时都建立了相应的金融监管制度。基本形成了与开放型市场经济相适应的政府管理制度，企业准入门槛进一步降低，浦东新区在全国率先启动"证照分离"改革试点，随着市场的放开，事中事后监管制度初步建立，网上政务大厅加快建设，政府购买服务不断扩大。基本形成了自贸试验区改革创新的法治保障制度，立法引领改革局面基本形成，司法保障和争议解决机制基本建立。

3. 以降成本、补短板为重点，推进落实"三去一降一补"五大改革任务。上海去产能、去库存、去杠杆问题虽然也存在，但和全国比并不突出，产能过剩是局部性的，房地产仅商办楼宇存在阶段性过剩，金融风险以外部输入为主。最突出的是降成本、补短板，减轻企业负担，弥补创新短板，扩大有效供给。

一是降成本，上海率先开展"营改增"改革试点，发挥结构性减税效应；取消一批审批事项和评估评审事项，降低企业的制度性交易成本；简化管理程序、减少限制，助力研发降成本；2015 年 4 月扩区后，上海自贸试验区管委会与浦东新区人民政府合署办公，将自贸试验区内的便利化制度推广到了浦东新区，降低企业进入门槛，减少企业进入成本。完善多层次资本市场，扩大金融开放，推动设立民营银行及小额贷款公司等，降低企业融资成本。在保障参保人员社会保险待遇水平和社保基金正常运行的前提下，进一步降低部分职工社会保险的费率水平，预计 2016 年全年可减轻企业负担超过 130 亿元。

二是补短板，主要是补创新活力短板、产品优质供给短板、服务供给短板和环境与交通短板。创新活力短板方面，上海有序推进国资国企改革，在全国率先出台"国资国企改革 20 条"，积极推进混合所有制改革，增强国企创新活力。产品优质供给短板和服务供给短板方面，上海积极推进产业结构调整，大力发展服务业，形成服务经济为主的产业结构；培育发展战略性新兴产业，优化提升先进制造业。近年来，上海一般贸易增速快于加工贸易，服务贸易增速快于货物贸易，先进制造业增速快于一般工业，转型升级效应进一步显现。第三产业保持年均两位数增长，现代服务业引领效应持续增强，金融业、商贸业占服务业增加值比重稳定在 50% 左右，卫星导航、3D 打印、智能家居、在线医疗、远程教育等新兴产业和业态不断涌现。制造业结构优化和布局调整深入推进，C919 大型客机、AP1000 核电设备等一批重大装备取得突破，联影高端医疗设备等打破国际垄断，信息化与工业化融合不断深化。环境与交通短板方面，上海加强生态环境综合治理，全面提升拆除违法建筑的工作力度。梳理分析无证建筑普查结果，推进无证建筑信息化工作平台建设；制定 2016 年违法建筑治理考核办法、《违法建筑拆除销项管理暂行办法》和《拆除违法建筑基础档案工作标准》。市领导对拆违工作高度重视，多次明察暗访、实地调研、现场动员，并形成了联系督导的工作机制。各市级部门互相协调、有效沟通，例如，市住房城乡建设管理委与市国资委、市交通委、上海警备区等单位形成专项沟通协调推进机制，明确落实生态环境综合治理主体责任。在区级层面，也都由主要领导亲自挂帅，负责牵头、协调、指挥全区的生态环境综合治理工作，并有分管领导坐镇现场。在街道层面，随着市委加强基层建设

"1+6"文件的贯彻落实和不断深化,城市网格化综合管理、城管执法、市场监管等管理力量下沉,基层组织的社会治理能力得到了有效提高,成为生态环境综合治理工作得以有力推进的坚实基础。上半年全市共拆除违法建筑两千八百多万平方米,比去年同期增长三倍多。

三是去产能,上海下定决心减少经济增长对重化工业、投资拉动、房地产业和加工型劳动密集产业的依赖,积极淘汰落后产能,推动宝钢、高桥石化等布局调整;疏解非核心功能,培育核心竞争力。强化资源环境约束,提高产业准入门槛,严格执行安全、环保、能效等标准,倒逼结构调整。运用建设用地减量化、差别电价等手段,不断加大落后产能淘汰力度,一批高能耗、高污染、高危险和低效益的落后产能加快淘汰,单位生产总值综合能耗持续下降,较好地完成了主要污染物减排目标。

四是去杠杆,上海积极防范金融风险,打击违规杠杆配资行为,包括严禁房地产开发企业和房产中介从事首付贷等。

三、上海未来推进供给侧结构性改革的展望

取得成就之余,上海也依然面临一些问题,包括经济增长支撑动力不足、科技创新活力不强、要素供给面临突出矛盾、资源环境约束日益加剧等,需要通过深化供给侧结构性改革,谋求持续健康的新增长。具体而言,今后五年上海推进供给侧结构性改革的主要着力点在于"四个新供给":

1.实行要素新供给,提高全要素生产率。把技术创新摆在发展全局的核心位置,并推进劳动力和资本要素升级,增强经济持续增长的内在动力。一是加快全球科技创新中心建设。推进重大科技创新平台和项目建设,高标准建设张江综合性国家科学中心,打造高度集聚的重大科技基础设施集群,力争在核心技术领域取得大的突破;建立符合创新规律的科技创新体制机制,营造良好的创新创业生态环境,创新政府科技管理方式,构建市场导向的科技成果转移转化机制。二是集聚高素质人力资本。以"择天下

英才而用之"的胸怀，坚持全球视野和开放思维，加大优秀人才引进力度，尤其是引进和培育更多的科学家和创新人才；打通人才便捷流动、优化配置的通道；优化国内人才成长环境，完善高校和科研机构人才评价和考核制度，进一步强化利益导向和激励机制，鼓励人才创新创造。三是扩大优质资本供给。推动多层次资本市场建设，鼓励私募股权、创业投资基金发展；提高金融领域开放程度，加快民营银行、中小金融机构发展。

2. 实行制度新供给，加强市场机制。深化改革开放，充分发挥市场配置资源决定性作用，解放和发展生产力。一是深入推进自贸试验区改革。对接国际投资贸易规则新变化，构建高水平的自贸试验区制度创新体系，建立适应人民币国际化和资本项目可兑换的金融开放创新体系，推进边界内措施的压力测试和改革试验，加强自贸试验区与重大国家战略的紧密联动。二是加强政府改革，简政放权、强化监管、优化服务。三是加快国有企业改革。加快推动国有资本流动和配置优化，加快竞争类国企开放性市场化重组，推进国有企业混合所有制改革，完善国有企业法人治理结构。四是完善现代市场体系。支持和鼓励新业态、新商业模式发展，破除不合理准入障碍，营造有利于公平竞争的市场环境，推进要素市场改革。五是提升开放型经济的发展水平，包括对外的高水平开放和对内的区域经济合作。顺应经济全球化和全球治理体系重构的趋势，充分对接"一带一路"国家战略，深度融入全球产业链和价值链，发挥上海在我国新一轮对外开放中的引领带动作用。引进跨国公司总部和功能性机构，吸引更多国际组织集聚，不断提升上海在全球经济网络体系中的地位。

3. 实行结构新供给，推进经济结构调整。加快产业结构调整，提升高端优质供给竞争力。一是促进服务业向高端化精细化发展，推动生产性服务业向专业化和价值链高端延伸，生活性服务业向精细化和高品质转变，打造一流服务品牌。二是大力推进制造业创新发展，以智能制造为主攻方向，推进新一代信息技术与制造业深度融合，促进制造业数字化智能化发展，发展壮大主导产业和潜力产业，重塑新产业革命背景下的高端制造业竞争优势。三是改造提升传统制造业，综合运用法律、标准、市场及政策扶持等手段，淘汰一批与城市功能不匹配的落后产能，以技术改造和商业模式创新为抓手，加快传统制造业向价值链高端转型，不断提高产品附加值。四是积极培育新产业和新业态，顺应互联网时代发展所带来的颠覆式创新和产业融合趋势，积极培育具有竞争力的新兴产业。五是加大新型城镇化建设力度，深入推进农村综合改革，发展高附加值都市现代农业，提升农业优质供给能力。

4. 实行政策新供给，改善发展环境。完善必要的配套政策，解决短期的迫切问题，为推进结构性改革创造稳定的环境。一是降低企业成本。加快政府职能转变，深化行政审批制度改革，取消一批审批事项和相关评估评审，加快建设"单一窗口"。落实"营改增"试点扩围等政策，加大结构性减税力度，对行政事业性收费进行清理整合。降低企业融资成本，清理不合理金融服务收费，扩大企业融资渠道。降低企业社保成本和电力、物流等成本。二是防范和消除金融风险。特别是防范地下金融和影子银行风险，聚焦非法集资、P2P网络借贷等领域，遏制案件高发态势。加强银行理财产品、信托、民间融资等领域风险监管，加强房地产市场运行监测和风险防控。三是弥补短板和薄弱环节。提升国有企业创新能力，引导企业提升产品品质，加大优质教育、医疗、养老等的有效供给，加强环境整治和交通拥堵治理。

推进供给侧改革，需要"把激励搞对"

方晋[①]

供给侧结构性改革，是中国政府审时度势，针对当前中国经济发展面临的机遇和挑战提出的重大理论创新和政策实践。在不久前结束的二十国集团领导人杭州峰会上，供给侧改革的理念、思路和一些具体内容也出现在峰会的议程和会后发布的公报中，充分说明中国模式和中国方案对解决当前世界经济发展问题的适用性。然而，再好的改革方案，关键还是要靠落实。正确理解并落实和推进供给侧改革，需要我们"把激励搞对"。

一、供给侧改革的核心就是要"把激励搞对"

供给侧改革的提出，针对的是过去相当长一段时期，政府过度依赖总需求管理政策来维持甚至刺激经济增长速度的做法。总需求管理本来是一个临时性的短期政策，当经济遭受意外的冲击造成总需求大幅波动的时候，通过财政政策、货币政策等反周期工具熨平这一波动是可以增进经济总体福利的。但总需求管理政策在特定时期取得的成功使政府迷恋上这一手段，逐步将这一短期政策长期化、临时政策常态化。这就造成了两个后果：一是过于关注需求侧，忽略了供给侧；二是提升了政府干预经济运行的自信

---

①　本文作者为中国发展研究基金会副秘书长

心和能力，其干预范围日趋扩大，压抑了市场主体自身的发展。

从长期来看，经济增长取决于供给侧，尤其是土地、劳动、资本、技术等生产要素在数量上的扩张和质量上的提升。长期使用总需求管理政策，本身就存在边际效益递减的问题。而对供给侧的抑制，削弱了市场主体发展的激励，造成经济发展动力不足。二十世纪五六十年代，美国等西方迷信总需求管理政策，并实行繁苛的产业管制，造成了七十年代经济的"滞胀"现象，后来靠供给侧改革才走出了困境。而中国的改革开放，本质上也是释放了供给侧的活力，才造就了中国的经济奇迹。而当前中国经济增速大幅下滑，固然有需求侧扩张乏力的因素，但更重要的原因是微观主体的激励不足，导致供给侧也出了问题。只有通过供给侧结构性改革，才能使经济重新走上有活力和可持续的增长轨道上。

二、不合理的体制导致错误的激励，错误的激励导致错误的行为

按照经济学的假设，人都是理性和自利的，会对激励做出反应。正确的激励导致正确的行为，错误的激励导致错误的行为。例如，土地作为一种生产要素，在短期内的供给可以看作是固定不变的，但仍然可以通过改变其用途来提升其产出效益。我国是一个人口大国，土地要素并不丰裕，但通过集约方式利用土地或提升土地使用效率，扩大土地要素的供给仍然是可能的。但在实践中，现有的体制对不同土地的用途做了严格的划分，对土地的流转做出很多限制，使得土地成为制约中国经济发展的一个瓶颈。城镇土地属于国有，政府成为土地的唯一卖家。在城镇化快速发展的过程中，土地价格一路走高并带动房地产价格上升，造成了十分不利的经济和社会后果。一方面，高房价和高地价抬升企业成本，削弱企业竞争力和后续发展能力；另一方面，房价泡沫化导致资金大量涌入房地产市场，给整个宏观经济运行和金融市场稳定带来风险。同时，社会财产收入分配差距扩大，引发较大社会问题。而农村土地归集体所有，虽然承包给农民，但

个人并不能将其流转。一方面这限制了土地供应，阻碍了城市化发展，同时阻碍了农村土地的集约利用，降低了农业生产效率；另一方面农民无法通过土地流转获得收益，也限制了农民的自由流动。

尽管中央和地方政府囿于各方面压力屡次采取抑制房价的措施，但每次都从需求端着手，采用限购甚至控制土地供应等措施，结果是南辕北辙，越调控房价越高，还造成为获得购房资格而离婚的荒唐现象。如果从供给侧着手，积极扩大土地供应，地价和房价都能得到有效抑制。但道理大家都懂，却为什么迟迟看不到这样的改革推进？在中央地方财权事权不匹配的情况下，土地出让金作为重要的收入来源，地方政府有很强的激励通过控制土地供给实现卖地收入最大化。同样的道理，如果投资房地产的回报远远高于投资实业，而且风险和麻烦要少得多，理性的企业家自然会做出这一选择。而居民面对飞涨的房价和相对缩水的存款，也不得不为了获得买房的资格而选择离婚。

可见，是不合理的制度导致错误的激励，错误的激励导致错误的行为和不利的后果。只有通过供给侧改革，改变不合理的制度，通过正确的激励，引发正确的行为和有利的结果。如改革央地财政关系，让两者财权事权更加匹配，在保持宏观税负稳定、不损害经济效率的前提下允许地方政府开拓新的收入来源；改革房地产宏观调控思路，由抑制需求改为扩大供给；改革农村土地制度，允许农村集体用地土地入市，确权颁证之后允许农民土地承包经营权和宅基地自由流转等等。

在劳动力市场，由于长期实行严格的计划生育政策，中国的老龄化提前到来，劳动要素数量的扩张对于中国经济增长的作用已经很小。通过对教育和健康进行大力投资以提升劳动力的质量仍然大有可为。此外，允许劳动力自由流动，可以最大限度地提升其配置效益，增加劳动者本身的福利和整体经济的运行效率，特别是要允许劳动力从低劳动生产率行业向高劳动生产率行业、从低劳动生产率地区向高劳动生产率地区流动。但是，现行的农村土地制度将农民束缚在自己土地上，而户籍制度又抬升了农民落户城市的难度。由于户籍制度与基本公共服务挂钩，大量流动人口在城市生活工作，却无法获得相应的教育、卫生、社保等公共服务，既不利于当前外来务工人员的人力资本的提升，流动儿童和留守儿童的涌现也不利于未来劳动力质量的提升，可以说政治上欠公平，经济上低效率。

尽管计划生育政策正在逐步放宽，但由于育儿成本显著上升和生育观念的改变，目前的效果非常有限。在这种情况下，进一步放开计划生育仍然没有时间表，原因就在于长期实行计划生育政策培养了一批既得利益者，尽管其人数非常少，但为了自身生存不得不顽强抵抗改革。户籍制度改革也取得了一定进展，但严控大城市人口规模的政策仍然在很大程度上限制了劳动力的自由流动，且没有有效解决基本服务均等化问题。原因就在于，基本公共服务由地方政府提供，社会保障也是地方统筹，人口流入地政府有很强的动机接纳外来劳动人口但不提供公共服务。而且，目前的户籍制度改革只解决了部分农村人口向城市流动的障碍，但城市人口向农村流动仍然是严格禁止的。劳动力自由流动带来的效益提升和福利改善仍无法最大程度地发挥。

因此，为了扩大和提升劳动力供给的数量和质量，一是要全面改革计划生育政策，放弃对人口数量目标的控制，并转向鼓励生育，大力投资教育和健康，以提升人力资本为主要目标，将计生部门职能转变为保障优生优育和人口素质的提升；二是要改革户籍制度，将户籍制度与公共服务的提供脱钩，允许人口自由流动，实行基本公共服务和社会保障的全国统筹，中央财政予以保障。考虑到改革的现实性和可行性，上述改革可以分阶段完成，但必须有明确时间表，且时间不能太长。

三、政府的干预是造成激励扭曲的重要原因

再以资本要素的供给为例。中国仍处于中等收入水平，城镇化、工业化发展任务远未完成，人均资本存量与发达国家相比仍有很大差距，中国

虽然有全世界最高的储蓄率，但仍然无法满足当前发展对资本的需求。尽管资本是相对稀缺的，但其使用和配置效率并不高。因为有政府显性或隐性的担保，效益差、回报低的企业和项目往往能以较低的成本拿到资金，而没有政府支持的效益好、回报高的企业和项目却往往要以很高的成本才能拿到资金甚至根本拿不到资金。清华大学白重恩教授的一项研究显示，中国经济当前存在与经济学基本理论明显不符的若干"悖论"，如经济走势处于下行阶段，但劳动力价格仍然不断上升，资金成本依然居高不下。原因就在于政府支持的部门对价格不敏感，依然在追求规模扩张，其对劳动和资本的需求对市场化程度高的部门形成挤出效应，抬高了整体经济的成本，导致上述悖论出现。由于资金的分配和使用都不是最优的，长此以往，稀缺的资本被浪费，整个经济不得不通过不断加杠杆来实现有限的增长目标，造成金融风险不断上升。

问题在于，将资金优先分配给政府支持的企业和项目，完全是金融机构在现有激励机制下的理性选择。金融机构本身也不是合格的市场主体，并不以追求利润最大化为目标，没有动力将资金按照效益原则进行分配。要想彻底改变这种扭曲的激励机制，一是要让政府减少对竞争性领域的直接干预，在项目和资质审批以及产业政策等方面对不同所有制企业一视同仁；二是要坚定不移地推进国有企业改革和国有金融机构改革，将其改造成为合格的市场主体；三是放开市场准入特别是金融市场准入，允许民营企业和民营金融机构自由进入，充分参与竞争。

在经济进入新常态的背景下，创新和技术进步是推动经济增长的关键要素。这一点，中国政府、企业和社会已经达成共识。我国对研发和创新活动的投入连年增加，研发支出占 GDP 的比重已经超过欧盟等发达国家的水平，并产生了积极的效果。但是，当前存在的一个比较大的问题就是政府过多地干预了创新在微观层面的决策，比如说通过各种产业政策、科技扶持政策、财税政策直接或间接干预创新和研发活动，影响这些活动在不同地区、行业和企业之间的分布，导致扭曲的行为和不利的后果。比如说，大规模补贴电动汽车，造成大面积骗补现象，给财政带来巨大损失，关键是并没有因此使电动汽车行业在技术上出现突破。

由于长期以来形成的赶超心态，每当看到发达国家提出新概念、新产业、新商业模式的时候，我们的政府就开始着急，生怕中国错过了新一轮产业革命和技术革命。但理论和实践都表明，产业革命和科技革命是不可能预测的，只能在发生以后被确认。第一次工业革命从发生到现在已经过去200年了，到今天经济学家和历史学家还在争论促成这次革命的条件是什么，为什么在英国发生而不是其他国家。连过去的事情都没搞清楚，怎么可能成功地预测未来？如果下一次工业革命是无法预测的，那么我们现在很多的押宝式的政策可能要打水漂。

尽管如此，我们的政府官员仍然热衷于制定各种规划，搞财政补贴，制定产业目录，出台各种扶持政策，希望中国能够在新技术领域弯道超车，一举赶超发达国家。匈牙利经济学家雅诺什·科尔奈在《社会主义体制》一书中曾写到，计划体制下的官员只有少数人真正相信计划优于市场，多数官员热衷于规划和审批的原因是这些权力可以给他们个人带来好处。中国作为一个转轨国家，许多权力部门仍然对经济运行和发展掌握了极大的干预能力，而且市场经济使得官员手中的权力能更好地变现，因此他们往往打着发展经济、鼓励创新等名义制定各种规划和扶持政策，通过设置审批权限逼着企业来寻租。

这种扶持政策不仅造成严重的腐败，而且往往是无效的。通过产业扶持政策来促进某些产业的发展，既会扭曲产业内部的资源配置，也会扭曲产业之间的资源配置。一个朝阳产业，即使没有政府扶持，也会有很多企业进入，如果让他们公平竞争，结合中国的后发优势和特有的规模优势，完全有可能产生若干具有国际竞争力的企业、产品和技术。但是政府一扶持，就会有过多的企业进入，造成低水平重复建设，好企业也无法脱颖而出，反而延误了我们赶超世界先进水平的时间。现在，产能过剩不但出现在国有企业为主的传统产业，也出现在私人企业为主的新兴产业，不能不说是拜这种扶持政策所赐。设计不合理的扶持政策还会扭曲企业的激励，使他们把获得政府补贴作为主要目的，而不是真正去搞创新。根据财政部对电动汽车骗补的调查显示，骗补的既有无资质、无技术、无市场的三无企业，也有不少民族汽车行业中的希望之星。美国经济学家威廉·伊斯特利在《经济增长的迷雾》一书中写到，如果私人部门从"寻租"中获得的好处大于从生产中获得的好处，那么这种激励将指挥他们致力于重新分配蛋糕而不是把蛋糕做大。

因此，要想真正促进创新和技术进步，政府应退出相关活动在微观层面的决策，特别是要放弃押宝式的扶持和促进政策，让市场自主选择技术路线、商业模式、产业布局，并通过公平和充分的竞争产生赢家。但是，这并不意味着政府无所作为。政府实际上有很多工作可以做。一是要大力投入基础研究。重大的创新和技术进步都是建立在基础理论和基础研究的重大发现和突破之上，而基础研究周期长，不确定性大，有很强的外溢效应，以盈利为目的的企业一般不会对其投入，必须以政府为主投入。二要加强保护产权和知识产权。不保护产权和知识产权，大众创业和万众创新就无从谈起。三是塑造公平开放的市场竞争环境，对于破坏市场环境，损害消费者利益的行为应通过加强监管来矫正。四是培养创新型人才，改革教育体系，把培养具有创造力、好奇心、独立思考能力的人才置于优先位置。换句话说，政府要供给基础知识、法律保障、市场环境和人才培养，这才是真正的供给侧改革。

四、推进供给侧改革，本身也需要正确的激励

改革本身是一件难度很大、风险也很大的事业，面临着陈旧观念的束缚和固有利益格局的阻碍，中国历史上商鞅、王安石、张居正改革的遭遇就是明证。如果真的像前文建议的那样，推进供给侧改革不可避免地将给既得利益者带来巨大损失，如果不树立正确的激励，既得利益者有很强的

动机反对或阻挠改革，而改革的受益者也可能不会积极地推动改革，从而造成改革的停滞不前。《经济增长的迷雾》一书中指出，有很多理论上非常正确地有利于经济增长的政策，一旦运用到贫困国家就失效了，原因就在于没有"把激励搞对"，使得官员们没有动力实施这些政策。

过去一段时间，全面深化改革取得了一定成绩。通过简政放权，为政府建立权力清单、责任清单，在相当程度上约束了政府对经济的干预。而随着全面从严治党工作的深入开展，党风廉政建设和反腐败斗争取得了很大的成绩。对于什么不能干、干了会得到什么处罚，领导干部们已经很清楚了，而且有许多负面典型在时刻提醒着他们。现在，负面激励已经有了，我们还需要通过正面激励让领导干部们自发地推动改革。否则，官员的选择就是"不作为"。

以供给侧改革五大任务之一的"去产能"为例。我们现在的做法仍然是通过行政手段压，而不是让市场竞争实现优胜劣汰。而且去产能的主体责任推给地方政府，但由于财政和就业的压力，去产能并不符合地方政府的自身利益，何况谁先去产能谁吃亏。因此，去产能应该由中央政府承担主体责任，毕竟当初这些过剩的产能也都是中央政府批准的，而且去产能所产生的正溢出效应只有中央政府才能内部化。中央政府可以宣布对所有失业问题兜底，免去地方的后顾之忧，然后通过干部任免、财政补贴等手段奖励主动去产能的地方政府和相关企业、惩罚那些不主动去产能的。这样的政策机制是"激励相容"的，意思是使对方的利益和你一致，对方才会按照你的意愿从事。而且，也只有承担了主要责任，中央政府才会认真反思产能过剩的根本原因，或许会下定决心改革投融资体制，甚至彻底放弃相关权力，把决策权还给市场。

因此，只有"把激励搞对"，供给侧改革才能有效推进，并早日产生积极的效果。

当前国企供给侧改革重心与新动能建设

李锦 [1]

这次会议主题是："躬行与攻坚：供给侧改革，下一步怎么办？"一是回顾，二是预测。作为国企改革研究者，我讲的内容是供给侧改革的"非改革因素"和国企改革的建议。围绕当前国有企业供给侧改革的形势、重点与发展方向问题谈点看法，意在强调新动能建设这个方向。

一、国企供给侧改革的方向是新动能

2017 年经济工作该怎样定位，也是 2016 年 12 月份中央经济工作会议主题该怎样定位。还有三个月就要开会了，现在正在紧张调研。可以判定，经济工作主题仍然是供给侧结构性改革。

供给侧结构性改革的提出，是花了很长时间才探索出来的，是一步一步走出来的。2012 年中央经济工作会议主题是保增长，因为从 2011 年起经济就开始步入快速下行期。2013 年中央经济工作会议提出"三期叠加"，经济增速换挡期、经济调整的阵痛期、前期刺激政策的消化期；2014 年中央经济工作会议提出中国经济发展进入新常态，意味着经济增长速度、经济结构、发展方式、增长动力的重大调整和变化，因此我们需要认识新常态，

适应新常态，引领新常态。"三期叠加"和新常态解决的是"怎么看"的问题。2015 年中央工作会议提出供给侧结构性改革。从提高供给质量出发，用改革的办法推进结构调整，矫正要素配置扭曲，扩大有效供给，提高供给结构对需求变化的适应性和灵活性，提高全要素生产率，促进经济社会持续健康发展。把改善供给结构作为主攻方向，实现由低水平供需平衡向高水平供需平衡跃升。我们要抓住主要矛盾，解决主要问题，供给侧改革是找到了办法，解决的是"怎么干"的问题。

供给侧结构性改革强调的是用改革的方法来消除供给侧所存在的制度性障碍，从而增强供给侧对需求变化的适应性和调整。因此，它不同于一般的政策调整，它不同于企业的转型升级，也不同于产品的更新换代，它强调的是改革。这样一来，供给侧结构性改革与国企改革又连到一起来了，找到了共同的逻辑起点与终点，就是市场配置的决定力量，让国企更有活力。最后，还是回到市场体制上来了。供给侧改革，本质上是市场化的经济体制改革。

2016 年中央经济工作会议主题是什么？不会一般讲"供给侧改革"了，要向前走一步。我觉得"新动能"有两层意思，一个是新动力，属于生产关系，一个是新产能，属于生产力。是解决"干"的目标与途径问题。当然，去产能任务并没有完成，甚至很重，仍然要紧紧抓住不放。但是重心要放在建设新动能上。

供给侧改革搞得怎么样了？去年 11 月，供给侧改革一提出来，我在万博新经济研究院和新华社举办的供给侧改革圆桌论坛上讲，中国的供给侧改革成功与否，最终决定于实践的运用，要完成三个转化，一个是理论动力如何转化为实践动力，第二个是上层动力如何转化为中层动力，第三个是政府动力如何转化为企业动力。一年快过去了，这三个动力转化，在实践中有差距。

供给侧结构是搞了，但是，改革内涵不足。供给侧改革的"非改革因素"，使得这场改革的效果大打折扣。总体上看，改革动力不足，结构改革的新动能不足。

二、面临新动力形成和旧动力逐渐弱化的双重交织

当前国企经济运行基本平稳，符合预期。从趋势看，经济结构调整优化的前进态势没有变，国企改革正向纵深发展。但是，受产能过剩和市场需求不振的影响，制造业投资增长放缓；而传统领域投资渐趋饱和，新兴领域投资回报尚不稳定，民间投资增长下滑。下半年企业生产经营仍比较困难。企业仍面临着生产经营成本高、销售不畅等问题。

从去年下半年以来，瞄准经济下行风险，决策层有针对性地出台了一系列措施。比如，国家发改委 5 万多亿的基础设施投资，4 万多亿的东北振兴计划，今年上半年预计超 7 万亿的信贷规模等等。在这些政策措施影响下，经济企稳回升的迹象明显，决定中长期发展质量和可持续性的内生动力正在初步聚合。到了下半年，投资紧缩，基础设施开工项目减少。经济下行已成定局。

目前国有企业"总量持续回稳"和"微观困难加深"相互交织，以供给侧结构性改革为核心的结构调整和产业升级，仍然处在胶着状态。国有企业经济呈现"缓中趋稳、稳中分化、分中向优"的基本态势，特别是 16 家中央企业效益增幅超过 30%。这些符合预期，发展新常态的特征更加明显，突出表现在"缓、稳、分、优"四个方面。

主要指标处在合理区间，缓中趋"稳"的态势在持续。今年以来，积极的财政政策加力增效，稳健的货币政策灵活适度，生产和需求平稳增长，国企经济持续运行在合理区间。上半年，受石油、煤炭、钢铁、有色、电力等大宗商品价格下跌或政策性下调影响，国有企业营业总收入同比下降 0.6%。中央企业 1—6 月累计实现营业收入 10.8 万亿元，同比下降 1.8%，但降幅逐月收窄。利润方面，中央企业上半年实现利润总额 6234.7 亿元，同比下降 3%，降幅比上年同期收窄 2.4 个百分点。

稳中两极分化在加快，分化中趋优，产业结构"优化"的力度在加大。行业加快发生分化，有的哀鸿遍野，有的闷声发财。目前中国衰落明显的行业，2016 年下半年或 2016 年至 2020 年都将如此：能源行业，尤其是煤炭，原因是库存多，相关产业冶金、焦化、电力需求乏力；钢铁、水泥、航运业，原因是基础设施和房地产需求乏力；未来第三产业将有大发展，特别是网络零售业、娱乐旅游业、餐饮酒店、快递业、二手房服务、证券保险、移动互联网等。

钢铁煤炭产能压减推进。钢铁、煤炭、水泥、建材等行业产能已达到峰值，钢铁产能达到需求的 150%；企业生产经营困难加大。受需求不足和综合成本上升的双重挤压，亏损面扩大，部分行业全行业亏损，面临倒闭破产压力的企业增多；产融结合困难，有的企业面临资金链断裂风险。

从目前反馈的信息来看，前 8 月份去产能工作可总结为"四个明显"：一是各地对去产能的思想认识明显提高；二是责任压力传导明显增强；三是政策保障措施明显加强；四是产能退出速度明显加快。目前，有的省已完成全年任务，有的省已完成全年任务的大部分，不过仍有一些省份进展缓慢，需进一步努力。11 月底完成全年任务，应该没有问题。

三、当前主要矛盾不是去旧产能，而是增新产能

当前经济形势主要矛盾是什么？这将决定我们下一步抓什么。

当前矛盾是四对：主要矛盾不是去旧产能，而是增新产能，这是供给侧改革的决定性因素；不是去产能，而是把资本引入新产能，中国现在是市场资金池很庞大，有效投入渠道太少；从经济发展思路上看，主要不是投资刺激，而是供给拉动；第四个，不仅是找新动能，而且要找新动力，比较而言，改革动力不足，比动能不足更显得急迫。这四对矛盾中，令人焦心的是资本的释放问题，资本渠道要打通，向哪里流动，这是国家经济当前很大的风险。

2016 年中央企业要压减钢铁产能 719 万吨，压减煤炭产能 3182 万吨，使专业钢铁、煤炭企业做强做优做大，电煤一体化企业资源优化配置，其他涉钢、涉煤企业原则上退出钢铁、煤炭行业。这是去产能方面。

新动能加快成长，这是我们更应该重视与追求的。从工业内部来看，高技术产业和装备制造业增长明显快于传统产业，工业发展技术含量不断提升。上半年，高技术产业和装备制造业增加值同比分别增长 10.2% 和 8.1%，比规模以上工业快 4.2 和 2.1 个百分点，占规模以上工业比重分别为 12.1% 和 32.6%，比上年同期提高 0.7 和 1.2 个百分点。从整体上看，差距仍然很大。重化、能源、制造等行业产能过剩，承受压力大。国有经济结构性问题，仍然没有解决。一是产业结构性失衡，二是产品结构性过剩，三是动力结构性错配。发展的新动能形成较慢。

习近平总书记提出的供给侧结构性改革，旨在以创新发展理念，挖掘经济发展新动力，加快推动经济发展，通过创新创业提升劳动价值、推动劳动增值、创造有效供给。供给侧结构性改革必然形成这个时期的新常态。可以从"速度变化、结构优化、动力转化"三方面去把握，最终决定于动力转化。而国企供给侧结构性改革的关键领域是制造业，必须加快调整制造业经济结构、培育形成新的制造业增长动力和竞争力。面临经济增长的新动力的形成和旧动力的逐渐弱化这两股力量的双重交织，要着力寻求国有经济发展新动力。特别是加大"短板"与新兴产业投资。智能制造和战略新兴产业这类潜在新增长点需要加大力度发展，同时国企的短板尤其是高技术含量的短板需要加大投资补齐。产能过剩不是因为投资而是因为投错了地方，新工艺、新技术、重大短板和产能不足的产品仍有较大投资缺口，要加大"定向"投入。对于国家战略需要、央企有优势的产业和战略性新兴产业，比如航空航天、核电、高铁、新能源、新材料、智能电网等，肯定要加大投入力度，在第三代核电、新能源汽车、物联网、石墨烯等领域打造一批产业协同发展平台，速度要加快。积极发挥在创新发展中的引领作用，占领未来产业发展制高点。

产业结构继续改善，投资结构继续优化。对"僵尸企业"和高债务企业的整治还没有实质性展开，大量高负债国有企业却已经大规模进军土地市场、海外并购市场和金融投资市场，这是不好的一面。但是，也要看到固定资产投资额中高技术投资、服务业投资保持较快的增长速度，比重在提升。

目前，中国存在两大过剩：产能过剩与资本过剩。一般情况下，人们注重去产能过剩，而忽视去资本过剩。中国经济风险根源是资本过剩，产能过剩是表象，资本过剩是实质。社会资本的横行犹如洪水猛兽，其祸害猛于产能过剩，目前的"恐慌性购房"便是一种表征。中国的供给侧改革的成功与否，很大程度上表现在供给与需求的失衡导致的资本流动性过剩，透过这些表面原因，我们看到实体与虚拟经济的失重。要找到中国经济的"命门"，找到脉搏，从理论上可能会形成一个新的认识框架，这是我们认识中国经济困境的基础。这在一定程度上确实关乎我们对中国经济的掌控能力，关乎中国经济乃至社会长期能否安全健康运转。改革，能把资本过剩这事弄顺了，解决资本与实体经济的结合，就是实质上的进步。

四、下一步怎么做：两能互流，两改互动

下一步怎么做的问题，是两能互流，两改互动。

两能是新、旧动能，要一起流动起来。两改，是供给侧改革，产权改革互动起来。当然，不光是国企改革，还有行政改革、金融改革、财税改革与社会保障改革。

供给侧改革成功的决定因素在于新动能的形成。产能过剩问题根本原因在供给结构老化导致的供需不匹配，进而产生资源配置扭曲和低效；根本出路在于促进新供给创造新需求，形成新动能。经济发展必然会有新旧动能迭代更替的过程，当传统动能由强变弱时，需要新动能异军突起和传统动能转型。培育新动能，改造传统动能，就是在经济发展新常态下从单

纯追求速度到更多追求质量的转变。

国企改革是以产权为主要内容的改革，国企供给侧改革是以产业结构为主要内容的改革，两者是相辅相成的两种改革。国企改革对国企供给侧改革有四个作用要发挥，这便是引领作用、支撑作用、互动作用、保障作用。国企改革、供给侧改革共同的终极点是按照市场配置资源。以产权为主要内容的体制改革的正确运行对以产业为主要内容的结构改革的成败与否将起保障作用。换言之，没有国企改革的成功，便没有供给侧改革的成功。

供给侧改革的首要内容是什么？从供给制度入手，也就是从改革入手。然而有些地方的供给侧改革是"不改革"的改革，没有改革的供给侧结构调整并不能称为供给侧改革。

改革是什么，核心是"放权"。现在是谁在改革？是政府在改革，而企业是政府改革的试验场。政府是改革主体，企业并不是主体，政策是政府的官员制定的，这种改革的突出标志是"不放权"，这叫作缺乏改革要素的改革。

关键改革不要那么多，第一个就是市场化方向。第二个是核心，政企分开，政企分开这个词太大了，说到底是所有权和经营权分开。第三个增强企业活力，是群众有积极性。现在的改革，是所有权和经营权坚决不分开，因为一分开领导就没有实权了，不给下面放权，不给外面让利。这样的改革，怎么能有积极性？

供给侧结构性改革关于人力资源问题的探索发展了马克思主义政治经济学的"人力资本论"。人力资源的供给是结构性供给的基础。马克思认为，生产活动、分工协作、教育和培训、人口的合理流动等都可以形成人力资本。习近平总书记提出的供给侧结构性改革中，强调增加劳动力供给、优化人口结构、提高人口素质，最重要的是调动人的积极性、主动性与创造性，形成了新型人力资本论。这一理论的核心是创造人力资源"新红利"：一是增加人力资源的数量；二是改善人力资源的供给结构；三是优化人力资源配置，实现经济增长与扩大就业的匹配、劳动力升级与经济转型的匹配；四是人的内在动力。

改革推进，困难不少。现在的部门很会起草文件。指导思想、基本原则、主要任务，下面多少条，连煤炭去产能也就是这么一套。先是"顶层设计依赖症"，后来是"央企试点依赖症"，很多地方似乎借此按兵不动。其实，实践中基层创造有很多好经验。民营企业供给侧改革比国企做得更精到，也更有供给侧改革的味道，大有真经。改革开放开始并没有搞什么顶层设计，就是放开搞活，相信群众、发动群众、依靠群众，把群众组织起来搞改革。依靠政府官员自己革自己的命，不可能的。改革的主体与对象，不能倒置，不能把企业推到前台来。我们还是要提倡总结基层的经验，因为这是规律，是改革的规律，也是时代进步的规律。

改革要改什么？内因激活，外资进门。首先要解决改革动力问题。"供给侧改革"内在动力在哪里？外部动力是政府，内部动力是企业。目前"企业主体不主动""地方组织组织慢"的现象很突出。现在不仅需要拿出一个供给侧改革总方案，解决"干什么""怎么干"的问题，而且要拿出一个动力机制，解决好"谁来干"的问题。

五、供给侧改革目标：更高形态、更优分工、更好结构

整个下半年乃至 2017 年，国有企业都面临供给侧结构需求侧的矛盾。供给侧结构改革是宏观政策主攻方向，需求侧管理是合理增长区间的托底手段，只有辩证地处理好二者关系，坚定不移地推进供给侧改革的核心目标，才能使国有企业经济结构转型再上新台阶。

"十三五"开局之年，国有企业供给侧结构性改革能否取得实质进展，对全局具有重大意义。从经济运行看我国经济发展新常态特征更加明显，中国国企经济是在一个触底企稳的过程当中，但是这个底部在一个什么样的水平比较恰当，还在探索之中。在这个过程当中，一个方面要警惕经济

增速进一步下行，以至于出现了内生性紧缩的过程。另一个方面也要注意到在稳增长取得比较明显成效的时候，根据供给需求结构性失衡，产业结构性偏低，产品结构性过剩，动力结构性错配，应该把更大的精力集中放在推进供给侧结构性改革上，推进结构调整和发展方式转变，要着力在改革上迈出实质性的步伐。

供给侧改革下面怎么改？习近平总书记 9 月 4 日在杭州会议上透露出来了，他在 20 国集团工商峰会开幕式上讲话，"中国经济向形态更高级、分工更优化、结构更合理阶段演进"，这可以视为我们国企供给侧结构改革的目标。这一句话把我们下一步做什么，讲明白了。"形态更高级、分工更优化、结构更合理"，往这方面想，我觉得可以用 16 个字概括，即"市场分工、优化配置、结构合理、科学形态"。

经济结构调整是破解国企增长困局的关键之举。中央要求国有企业要在推进供给侧结构性改革中发挥带动作用。以加快企业战略性重组为重点，加大力度，通过创新发展一批、重组整合一批、清理退出一批来优化布局，同时加快中央企业瘦身健体。加大中央企业集团层面的兼并重组，应该是 2016 年的大动作。提升国有资本整体功能和运行效率，打造一批具有较强竞争力的跨国公司。优化调整国有资本结构，推动国有资本向关系国家安全、国民经济命脉和国计民生的重要行业和关键领域集中，向前瞻性、战略性产业集中，向产业链价值链的中高端集中。

至于改革目标，就是新动力。总书记讲要"敢于向积存多年的顽瘴痼疾开刀，敢于触及深层次利益关系和矛盾"，这两个"敢于"是抓住要害，找准改革的病灶；"创新体制机制、突破利益固化藩篱"是当前的任务；"发挥市场在资源配置中的决定性作用，更好发挥政府作用"是改革的方向，展示了深化改革的美好前景。一个"深层次利益关系和矛盾"，一个"利益固化藩篱"，说得多么鲜明。

首先是解放生产力，其次是发展生产力。目前，解放生产力解放不够，所以供给侧改革首先是供给政策、供给制度改革，解放生产力的问题解决了，生产力发展才有希望，供给侧结构改革才能成功。

最后从方法论上讲一点，提高决策科学性问题。供给侧结构性改革既强调供给又关注需求，既强调发挥市场在资源配置中的决定性作用又更好发挥政府作用，既突出发展社会生产力又注重完善生产关系。如果割裂地看待需求侧和供给侧管理，需求侧的短期活跃，有可能成为加快推进供给侧结构性改革的障碍。反过来说，推进供给侧结构性改革，也可能变成实现短期经济增长目标的阻力。显然两个方向都需重视，但在周期性矛盾和结构性矛盾并存，且主要问题是结构性问题的当下，主要的解决措施应该是对供给侧的管理和调整，把改善供给结构作为主攻方向。中央企业的投资刺激，在适当时候要加强。

显然，进入新常态的中国国有经济"大船"已经转向全新发展阶段，这种掉头转向在整个下半年仍然处在行进中，"大船"的动力和承载力能否承受住巨大转向力而实现平稳改速，还要面对持续考验。可以预见，改革的全面深入将带来经济环境的全面改善，未来中国经济也将获得更强的"新动力"。

第五章　培育新供给，创造新需求

钢琴与长笛的对话：供给侧改革与消费端升级 ①

林左鸣　滕泰

林左鸣：作为中国新供给主义经济学的理论创新者和倡导者，滕泰先生一直是我十分敬重和非常推崇的经济学家。我在给我的学生推荐必读书目时，国内经济学专著中首先被列入的就是滕泰先生的《新财富论》。

滕泰：我与林左鸣先生多年前就已建立了思想的交集。当时，我尝试用软价值论来解开现代经济学价值理论的一些困惑，两位重量级朋友几乎同时向我推荐了林左鸣先生的《广义虚拟经济：二元价值容介态的经济》。我拿到后连夜通读、手不释卷，深受鼓舞和激励。感觉就像是一个在很暗的隧道里挖掘摸索，偶尔呼喊几嗓子却从来只听到自己回声的人，在断断续续挖掘摸索了十多年以后，突然听到隔壁有声音，而且很快两个隧道居然打通、汇合了！林左鸣先生的《新消费升级》也带给了我同样的惊喜。我近几年一直致力于新供给主义经济学的研究，学习完林左鸣先生关于新消费升级的有关论述后发现，"供给侧改革"与"消费端升级"是一个问题的两个侧面，殊途同归；两套话语体系的同样观点，不谋而合！

林左鸣：深有同感，新的"消费升级"，主要落脚点还是落实做好中央提出的供给侧改革，激活更多的社会资源来创造新供给、满足新消费，从而将"大众消费"作为中国经济的新主牌打好。中国其实不缺大众消费新

① 本文原是第十八届中央委员、中航工业集团董事长林左鸣先生《新消费升级》一书的后记，因供给侧改革与消费端升级的关系是供给侧改革的重要方面，经林左鸣先生同意，收入本书。

需求，缺的是转型升级的、能满足新时代大众各项需求的消费品供给；缺的是激发创造更多的"新消费"。在过去三十多年改革开放中，中国大众消费有了长足的进步和发展，主要体现在"衣、食、住、行"这四个与人们生活需求密切相关的产业，形成了拉动中国经济发展的大众消费"第一梯队"。但这些产业如今都已遇到了消费饱和的瓶颈。当前，中国迫切需要能拉动中国经济发展的大众消费"第二梯队"，同时也需要对"第一梯队"进行重大的创新和转型升级。

滕泰：这与新供给主义经济学的理念和倡议是一致的。2010年以来，美国在苹果产业链为代表的新供给扩张动力下，经济反弹复苏；中国由于"供给结构老化"却连续五年经济增速下行。在乔布斯创造出苹果手机之前，世界对它的需求是零；我们不能只看到房地产、汽车、钢铁等供给老化行业的情况不妙，就断言中国经济的高增长时代结束了，要看到新供给创造新消费；解决中国经济供给结构老化的根本出路，还是促进新供给、新消费、新动力；化解过剩产能与形成新供给、新消费、新动力是沿着同一方向并肩而行的两条河流，只有当这两条河流合二为一的那天，才意味着中国经济结构转型的真正完成。

林左鸣：供需匹配、实现合流的出路在于改革和创新。这无疑需要对价值理论有进一步的深入认识。过去我们往往太过注重于"劳动对象化"，太过注重于创造实物价值；在广义虚拟经济时代，"生活对象化"，创造虚拟价值，是一个未充分开发的"富矿"；如果我们能把握住这个关键，我们其实无需对中国乃至世界经济的前景太过担忧。改革开放后，"衣、食、住、行"的供需匹配，为中国经济长期保持高速增长做出了巨大贡献。"衣"的方面，随着布票取消，与此有关的经济领域得到大幅拉动，很长一段时间内纺织还成为出口创汇的重要产业。"食"的方面，取消粮票，取消统购统销，同样显著激活了中国食品产业。"住"的方面，主要是改福利分房为商品房，促使房地产成为中国经济重要支柱之一。虽然当前房地产市场形势不是那么理想，但其经济支撑作用没变。"行"的方面，改革开放初期买私家车要受限于指标控制，现在汽车已普遍进入寻常百姓家；民航以前是要县团级以上干部凭介绍信才能买机票，这个限制后来也被取消了，使得我国民航业突飞猛进地发展。这些都是以前围绕"衣、食、住、行"真正意义上的供给侧改革，把内需释放了出来。

滕泰： 邓小平说："改革就是解放生产力。"新供给主义认为，解放生产力的核心就是"放松供给约束、解除供给抑制、推动供给侧结构性改革"。这在中国"衣、食、住、行"产业的崛起历程中都得到了很好体现。通过放松供给约束，中国经济的增长潜力还会源源不断地涌现出来。

林左鸣： 这也是新消费升级的重点。我归纳了"医、教、娱、养"这四个体现了大众消费转型升级方向、体现了人们对更美好生活追求的产业作为大众消费"第二梯队"。目前，这些产业都受到种种的"供给抑制"。最典型的是"医"。全球主要国家医疗的核心问题都是"供给不足"。背后原因是政府的过度干预、过度监管，将产业进入和产业化的门槛抬得过高，用"市场之手"来发展产业这方面做得远远不够。比如在美国，很多家庭常用药都必须由医生开处方，而医生要取得行医资格证又有很高门槛，结果就是供给不足、竞争不充分，使得医疗服务价格过高，医疗费用成了政府与个人的沉重负担，医疗保健系统成了富人保健系统。一个非常市场化的国家出现了这样的状况，确实出乎人们的意料。然而一旦一种体制机制形成，就保护了一大批既得利益者，于是改革就异乎寻常地困难。今天全球经济陷入僵局，很大程度上就是由于进入市场的要素不充分，很多关键要素被排斥于市场大门之外。

滕泰： 如果能放松医疗方方面面的供给约束，对内需的增长会有很大促进作用。在我应邀出席并做汇报的 2015 年 11 月 9 日国务院经济形势座谈会上，李克强总理谈到了前一阶段国人跑去日本买马桶盖的例子，说："日本人做的那不仅是马桶盖，而是健康、保健品。"国人对健康的追求已辐射到了国民经济的方方面面。如书中所述，在医疗供给市场化、医疗消费升级的推动下，产孕消费、婴幼儿消费、美容消费、运动医疗消费、健康管理消费、银发消费、临终关怀等新供给、新消费正在形成更庞大的市场。

林左鸣："教育"的新消费市场也非常庞大。当前很多企业都在建"无人工厂"，中航工业也在不遗余力地推动制造智能化，其最大优势就在于减少劳动力投入，进而大大降低生产成本。但问题是，那么多"无人工厂"建成后，劳动力都去干吗呢？这就需要发展制造业以外的其他业态，其中也包括大批新服务业。而这些业态都需要大量的培训。这些培训仅靠国家现有教育机制是无法实现的，因为现有机制无法有针对性地满足市场对于相应人才的新需求，因此只能引入市场机制、引入社会力量、引入"互联网+"。通过教育的转型升级，可以支撑起一些新产业，也可能会颠覆一些传统业态。比如基于互联网的教育，一旦时机成熟，一夜之间就可能彻底颠覆现有教育体系，很可能会形成一个巨大的产业。在此过程中如果出现教育资源分配不均衡等问题，则可以通过保险或社会慈善基金等方式加以解决。

滕泰：如果说知识软财富犹如蜿蜒无尽、无数分支的河流，那么"教"就是知识河流向各个方向延伸的堤坝，一面引导着它灌溉着一代又一代的人群，一面让它在流动中不断扩容。国内在传统教育之外已衍生出职业培训、语言培训、艺术教育、体育教育等庞大的细分市场，创造了海量的就业岗位，催生了新东方、长江商学院等知名的商业培训机构。如果"教"的供给抑制进一步放开，知识转化为财富的速度还会更加迅速。

林左鸣："娱乐"是中国乃至全球增长最快、空间最大的消费领域之一，消费增长点包括观光旅游、体育运动、影视作品、主题公园、文化创意产品等。中国当前太需要好的娱乐产品了。长假时各处传统自然景观或人文景观人满为患，就是娱乐产业新供给不足的体现。现在西方很多娱乐产业发展得十分强劲，如果我们不做好娱乐产业，那么这个市场很快就会被外国占领。娱乐还有一个重要特点，就是可以作为未来社会的"仿真实验室"。美国好莱坞电影行业有大量科学家和工程师参与其中，其对新技术和新设备的使用很多时候都是领先于工业领域。而在娱乐或文化产业的这个层面，我们与之差距太大。我们也有很多电影制片厂，也有很多影视基地，但有哪家能像好莱坞那样对未来生活起到"仿真"和引领作用呢？

滕泰：人类的精神世界有多么丰富多彩，"娱"的内容就有多么广泛。随着现代人休闲娱乐时间的增加，"娱"的总量不但迅速膨胀，而且在不断衍生出新形态。影视产业、体育产业、消费无人机等都是引领娱乐新风尚的体现。比如，今年取得票房井喷的多部海内外电影，其收益足可顶一家硬财富企业十几年甚至几十年的耕耘。

林左鸣：再来说说"养"。人总是要老的，老有所养是生活必须的重要环节。改革开放 30 多年来，我国已经历了三次以消费主体为特征引领的内需消费转型。第一次是向"女人经济"转型，第二次是向"年轻人经济"转型，如今已到了把"老龄化挑战"转变为"老年人经济"的新历史机遇期。作为在改革开放中度过人生黄金岁月的 50 后、60 后新一代老年人，退休后不仅有消费时间、有消费能力，也有更强的消费欲望。但目前市场上还拿不出供 60 岁以后老年人消费的产品，围绕老年人休闲娱乐、身心健康、家政服务、养老居所、投资理财等需求都有大把的商机可以开拓。

滕泰：老龄化是我在《民富论——新供给主义百年强国路》一书中深为忧心的问题。当时我呼吁的调整计划生育政策、放宽从农村流向城市的户籍限制，在今天都已逐步走进现实。林左鸣先生则从消费端进一步增强了我对中国经济未来的信心。从被动奉养到老人主动消费，从满足照顾生理需求转向满足舒适、群体、尊严等心理需求，从分时养老、度假养老到协助居住、养老社区，新的养老模式所引领的新消费正在不断转型升级，"夕阳红经济"可以成为中国经济未来的重要支柱。

林左鸣："医、教、娱、养"这些大众消费"第二梯队"的发展，还会倒逼"衣、食、住、行"这些传统业态的升级。比如"衣"的那些与可穿戴设备相配套的功能性服装，"食"的冷链物流、庄园经济，"住""行""娱"结合的通航小镇、房车宿营地主题公园等。发展城镇化是我国今后经济转型、跨越中等收入陷阱的重要举措。问题是发展怎样的城镇化很值得探索，比如现代庄园、通航小镇、房车宿营地、游艇微型港等和新时尚生活相关的内容或许是现代城镇化的新出路。新城镇化一定要是传统城镇与传统乡村实现容介态的结晶，单纯缩小农村空间，增大城镇空间未必能达到真正意义的绿色发展。但是，发展这些新兴业态都需要营造一个新的商业生态环境，需要形成一套新的观念。破局的关键在于改革，尤其是在医疗、教育、空域、海域等方面的管理改革。如果大众消费"第二梯队"的潜能得到有效释放，"第一梯队"的业态升级也能顺利升级推进，就能为中国经济在下一个三十年的稳步健康增长拓展出巨大空间。

滕泰：我相信，那些因为看到供给成熟、供给老化产业而悲观，甚至那些对中国经济未来信心不足的企业家和经济学家，在学习了林左鸣先生关于新消费升级的有关思想以后，一定会重燃对中国经济美好未来的信心；那些创业者、产业资本、投资者，甚至正在选择人生方向的大学毕业生们，也能更快明白未来的经济发展方向和热点领域。有幸与林左鸣先生做这番"消费端升级"与"供给侧改革"的探讨，让我想起了一首非常优美的曲子《钢琴与长笛的对话》，优美的合奏旋律亦如同我与知音共鸣的心情。

林左鸣：愿"消费端升级"与"供给侧改革"都能迎来更多知音，共同奏响中国经济美好明天的新乐章！

供给侧改革要聚焦在创新上

胥和平 [1]

从创新理解经济新常态

当前，世界经济整体陷入困境之中，中国经济进入新常态，出现许多新情况、新问题，很多人感到困惑、看不懂。其实，从创新和全球变革的角度，可能得到更多启示。

近年来的全球经济衰退、中国经济新常态，根本原因是正在推进的全球产业变革。从长期观点看，世界和中国经济出现的新问题，是上次工业革命形成的增长动力衰减，一些过去增长强劲的传统产业及其发展模式走到尽头。在最近的 G20 会上，习近平总书记有一个论断：当前，世界经济正处于新旧增长动能转换的关键时期。上一轮科技和产业革命提供的动能面临消退，新一轮增长动能尚在孕育。这个判断深刻把握了问题的实质。判断世界经济，要认识到不是世界出了什么大问题，而是到了一个新旧交换的时间点，进入了接续期。从这个角度，对理解产能过剩、投资下滑、贸易萎缩等会有新认识。比如投资下滑，主要原因是传统投资对象消失、有价值的新投资对象没有形成。因此，G20 杭州峰会上，中国把创新增长方

---

① 本文作者为科技部调研室前主任

式设定为重点议题，推动制定《二十国集团创新增长蓝图》，目的就是要向创新要动力，把握创新、新科技革命和产业变革、数字经济的历史性机遇，提升世界经济中长期增长潜力。

讨论供给侧改革，经常谈的话题是产能问题。的确，产能问题非常现实，是经济和企业正常运行的基础，必须妥善处理好，通过调整结构、优化升级，提高供给系统的效能，最大限度地释放现有产能。但产业大变革背景下，视野要打开，不能抱住传统模式下的传统产业、传统模式不放，力量还是要放在培育新经济新动力、加快转型步伐上。

日益清楚的是，一方面传统产业产能已经形成全球性供给过剩，另一方面新技术革命带来的新产业的快速成长、不断形成新的替代性产能，传统产能释放的空间已经被大大压缩了。更重要的是，现在产业变革已经呈现出加速态势，一些领域进展可能比想象的快。当前，科技成为产业变革的关键驱动力，全球化进入了以新科技革命驱动产业布局和经济结构大调整的新阶段。新一代网络、云计算、大数据、物联网等产业快速崛起，智慧城市全面推进，智能交通、农业、医疗、教育迅速发展；生物技术大规模应用，生物农业、生物医药、生物能源、生物制造成为潜力巨大的新增长点；太阳能、风能、生物能等新能源产业快速发展，智能电网、分布式能源体系全面推进，全球能源转型明显加速；网络化制造、智能机器人、3D打印扩大应用，推动全球制造业全面转型。这些变革，直接导致人类的生产方式、经济结构乃至社会治理结构都将发生深刻改变。当前，众多新技术、新产业、新业态蓬勃发展，新经济正在迅速崛起，创新为引领和支撑的经济体系的发展模式正在形成。

在这种情况下，如果思路仍局限在旧有框架中，对新东西缺乏前瞻性考虑，对转型发展没有下大的决心，很可能陷入战略被动，甚至错过时代机遇。最近一个时期，一些地方和企业对传统产能表现出某种幻想，希望原有产能在未来经济复苏中还能释放，这就令人担忧。通俗地讲，全球产业要换场子了，尽早从旧结构、旧框架下跑出来，能早跑就早跑，早跑比晚跑强。

供给侧改革目的，是通过改革提高供给体系的系统效能，扩大有效供给能力。而扩大创新能力，才是供给能力最本质的东西。落实好供给侧改革艰巨任务，不能简单理解为去产能去库存，不能把思路局限在盘算旧的东西上，要围绕创新思考问题。必须问道：去掉旧产能，新东西哪里？通过提高创新能力，培育新经济，形成新动能，加快产业转型，形成以创新为支撑和引领的经济体系和发展模式，这是"十三五"发展的核心命题。

在创新要素配置体制机制上要有突破

十八大以来创新驱动发展成为统领各方面工作的主线，创新和创新驱动发展取得了很大进展。但是很多情况下，很多地方思路还没有真正转变过来，讲的是创新驱动，想的还是投资、资源驱动。实际上，产业更替必须要有新东西出来，必须在创新上有突破，有了新技术、新产品，发展就有了新动力、新支点、新空间。

推进供给侧改革，要围绕创新提出深化改革问题。供给侧改革主要任务，是通过体制改革和政策调整，引导生产要素按照市场规律来流动。但对要素市场的关注，不仅包括传统要素（特别是土地、资金等要素），更要关注创新要素。知识、技术、创新人才、科技成果、创新投入等创新要素，是要素市场的重要内容，是新经济发展的基础。其中涉及的创新资源配置、创新要素市场建设问题，是当前发展新经济、培育新动力迫切的问题。因此，全面推进供给侧改革，必须要在创新要素配置的体制和机制上有大突破。

近两年来，中央确立创新驱动发展战略，强调要发挥市场配置创新资源的基础性作用，密集出台科技改革政策措施，各地也在积极探索，进展也非常明显。但总的来讲，科技改革还远未到位，创新资源配置和管理体制不能适应创新发展形势要求的情况还非常普遍，创新所需求的制度环境和市场规范还没有取得更大突破。比如，在一些科研机构管理上，用管理有形资产来管理无形资产，用管理行政经费的办法来管理科研经费，用于生产工人的办法来管理知识创造者。这些情况严重抑制了创新活力，有的已经影响科研创新活动的正常进行。

更进一步，培育新供给、新动能，重要的是培育新要素、新产业、新市场，探索新的经济体系。这其中，新技术、新产品如何进入市场，新市场规范如何形成，新兴产业如何快速发展，新产业管制与市场建设，都应该有新考虑。面对促进创新、发展新经济，目前经济体制和管理手段面临全面挑战。很多情况下，管理思路落后，看不懂新经济，用传统方法管创新和新经济的问题非常突出。

从发展新经济的角度看，新产业、新市场、新业态需要相应的合理体制和积极政策。从技术进步和产业发展规律讲，开发新产品、培育新兴产业、形成新业态，其政策需求与传统的大规模制造有很大不同。技术投融资、技术交易、知识产权管理、新产品进入市场、新业态的市场规范和标准，以及市场信用体系的建设等，都需要有新的、针对性的制度和政策，不是简单交给市场就可以解决。例如，在当代产业转型中，业态变革是极其深刻的变革。发展新业态，更需要新的制度设计及政策安排。现在网络销售、互联网金融、网络约车、众筹快速发展，如何促进这些新业态的良好健康发展，急需相应的新理论、新政策和新制度支撑。这就成为供给侧改革的新课题。

真正把力量聚集到创新驱动发展上来

创新和创新驱动发展战略，已经成为全社会的共同话题。但什么是创新，仍是一个有挑战的问题。这看似简单的问题，其实在很多情况下没有解决好。在国人的语言习惯和语境中，创新通常指科技创新，甚至把创新等同于科技或科研活动，创新成果通常是谈科技成果。这些看法影响甚广，虽然有一定的道理，但存在偏颇甚至误导。

从本义上讲，创新是一个经济活动。20 世纪初，熊彼特讲创新，主要有 5 个方面：引入新产品；引入新生产方法；打开新市场；开发新供应来源；创造新市场结构。进入新世纪，国际对创新有新研究。OECD、欧盟统计署最新版的创新测试手册（2007）讲，创新有四种类型：产品创新、工艺创新、营销创新、组织创新。

随着当代科技创新不断发展，科技和创新活动日趋融合，创新的内涵不断拓展，对创新的认识不断深化。最新版美国创新战略（2015）定义：创新是一项技术、产品或流程中孕育出的一个想法，能创造价值。美国创新战略关注两大领域：一个是推动经济增长和解决问题的创新：新技术、新产品、新流程和新商业；一个是制度和公共部门的创新。今年 9 月《G20 创新增长蓝图》则提出：创新是指在技术、产品或流程中体现的新的、能创造价值的理念。这已经是对创新本质的最简要提炼。

从这些表述，提出一个很有价值的问题：什么是创新的本质？牛津创新手册（2004）则明确提出：创新是新技术的首次商业化应用。商业化应用的本质就是创造价值，这就是创新最本质的东西。近年来，业界有一个表述：科研是把钱变成技术，创新是技术变成钱。应该说非常形象表达了对创新本质的理解。最近，听美国斯坦福大学一位研究创新的教授讲：一切不挣的创新，都不叫创新。按这理解，企业界、产业界把握创新就可以讲更直白些：创新就是搞出新产品、新工艺、新营销、新市场、新组织，并创新财富。

中国实施创新驱动战略，是当今全球范围内一场规模宏大、影响深远的经济和社会变革。结合自己的特定国情和任务，中国对创新有独特的表述：以科技创新为核心的全面创新。这个表述比国际上的概念更有特色、更有操作性，也更合理。全面创新内涵丰富，从宏观上包括理论创新、制度创新、科技创新、文化创新，从微观上包括技术创新、企业创新、市场创新、产品创新、业态创新、管理创新。

下好创新这步先手棋

习近平总书记去年以来多次强调，要下好创新这步先手棋。下好创新先手棋，要充分认识紧迫性，主动参与、推动产业转型。正在深入推进的全球产业变革是百年来世界经济的大盘点、大调整。任何国家、地区、企业都必须面对。特别是中国这样已经深度参与全球经济体系的发展中大国，不能等待，必须主动参与、积极推动。中国企业必须以全球视野来思考自己的转型发展，把解决自身发展问题与产业变革结合起来，有战略谋划，有实际部署，有果断行动。值得重视的问题是，对产能问题、产业转型多年来一直在议论，但各方面认识不到位，不下决心。近年来，形成一个非常奇怪的现象：中央一直在强调限制产能简单扩张，而业界和地方政府存在产能扩张的强烈冲动，理论界缺乏有价值的判断。一个重要的原因，很多人仍沉浸在大规模制造的胜利喜悦中，至今对传统产能的再次释放仍抱有很深的幻想。这非常令人担忧。

下好创新先手棋，要瞄准未来、打造产业先发优势。对中国来讲，改造提升传统产业的文章一定做好，但更重要的是要下决心进行超前部署，培育、壮大新经济，着力打造发展新优势。中国产业到了要讲超前部署的时候，要围绕新一代信息技术应用，加快制造业绿色、智能升级转型步伐，加快发展新能源和节能环保产业，大力发展生物技术产业，发展现代农业，促进现代服务业创新发展，要下大决心，有大安排。一些有实力、有眼光的企业，要积极关注影响未来的颠覆性技术，提前做出预谋和应用。

下好创新先手棋，要求我们有创新自信，有转型发展自信。目前产业变革是全球性，是世界各国都遇见的问题。尤其是经济下行压力，是各国都遇的挑战。相比而言，中国转型发展的条件是最好的，发展的战略空间也是最大的。从实际情况看，我国经济发展已经上了一个大台阶，产业技术水平和创新能力有了很大提升，具备了创新发展的基础和条件。近年来的经济增长和结构调整，仍是比较好的。现在，传统产业普遍比较困难，但新兴产业发展迅速，特别是新能源、互联网经济、新型服务业呈现蓬勃发展、快速增长态势，出现了一些新的喜人的迹象。一些朋友讲，现在是新产业比旧产业日子好过，轻产业比重产业日子好过，新模式比旧模式日子好过，大体上就是对目前发展态势的一种新描述。从各方面情况看，我们面临的困难是确实的，但转型发展的探索是积极的，进展是明显的，前景是光明的。

补短板需在政策"细节"上精准发力

顾强 [①]

当前，我国供给侧结构性改革已进入爬坡过坎的攻坚期，2016 年 7 月 26 日的政治局会议进一步明确了"三去一降一补"的推进方向，9 月 5 日的国务院常务会议着重指出要以制度性改革挖掘"补短板"巨大潜力。随着经济增速的持续下行，越来越多的深层次问题和矛盾逐渐显现，特别是制度性障碍对新兴产业发展的束缚日益凸显。在政策细节上精准发力已成为我国打造经济发展新动能、加快推进供给侧结构性改革的重要切入点和突破口。

一、补短板需要深入洞悉时代特征

当前，以新一代信息技术为引领的新经济加速发展，新一代服务业、新一代智能装备及交通运输装备、新一代节能环保、新一代基础设施等领域的技术变革也在不断释放供给侧新动力。

从健康、文化、装备制造、新能源、环保等当前热门产业的发展趋势看，新动能呈现出"六新"特点：一是新导向，如全民健身上升为国家战略，国家正大力推进制造强国、网络强国战略等；二是新需求，如人口老

---

① 本文作者为中国科学院战略咨询研究院博士后，工信部规划司前副司长

龄化催生更多新兴消费热点,人口红利渐失,加快机器换人进程等;三是新产业,如移动互联网、传感器、可穿戴设备等;四是新技术,如医康养、新能源、新材料等;五是新业态,如环保产业的一体化能源解决方案,装备制造业的智能化解决方案等;六是新模式,如文交所、定制化制造等。

随着信息技术的不断发展,人类已从 PC 互联网时代走到移动互联网时代,而 2016 年正式开启了人工智能(AI)时代。未来,具备高速运算、模糊识别、信息模拟、自主学习等功能的人工智能将与人类的生产生活紧密融合,"AI+"正成为下一个风口。例如,在环保领域,随着"气十条""水十条""土十条"的相继发布,我国的环境污染防治行动驶入快车道。考虑到污染源的多样化、分散化等特性,传统的监测和治理方式难以满足新要求、较难解决新问题,因此需要智能环境监测系统。这一智能系统,不仅能够收集、整理大气、水、土壤等方面的监测信息,而且能够对这些大数据进行加工处理,深度挖掘隐藏信息,有效识别污染来源和特点,高效提供解决方案。又如,在汽车领域,这一传统的工业品所承载的功能已不仅仅是运输,随着导航、芯片、显示、传感器等技术的飞速发展,汽车俨然成为一个"流动的智能终端"。《中国制造 2025》提出"智能网联汽车发展技术路线图",这不仅能够让驾驶汽车成为一种享受,更有可能通过无人驾驶实现道路交通的更安全、资源利用的更高效。随着互联网逐步成为基础设施,传统厂商与互联网公司的跨界融合逐渐增多,例如福特和百度共同投资 1.5 亿美元支持美国硅谷的 LiDAR 激光传感器技术公司 Velodyne,而 LiDAR 正是无人驾驶汽车导航的关键技术。两家巨头的携手也预示着无人驾驶不仅蕴藏巨大商机,也正逐步走进现实生活。

二、推进改革需要准确把脉政策症结所在

推进供给侧结构性改革,从宏观上来看就是在适度扩大总需求的同时,着力提高供给体系质量和效率,增强经济持续增长动力。一方面要聚焦放

松供给约束，从行政、财税、金融、国企、价格等方面加快改革进度，如放松政府管制、加大结构性减税力度、发展多层次资本市场、推进国企改革、改进资源价格形成机制等；另一方面要着力解除供给抑制，从劳动、资本、技术要素等方面寻求突破，如推迟退休、推进土地使用权流转、激励企业家创新等。然而，根深才能叶茂，本固才能枝荣，供给侧结构性改革不仅需要解决宏观问题，更需要解决好中观和微观问题。例如，注册一个商标需要时间全球最长，通用航空产业重指导轻落实，售电侧改革干打雷不下雨……找到并解决这些我国大众切实感受到的难点、痛点、卡点、堵点等细节问题，实现精准发力，是做好供给侧结构性改革这项系统性工程的根基。

当前，我国新兴产业发展遇到的短板问题越发凸显，既体现在市场准入和市场配套不健全，也体现在市场环境和体制机制不完善，但核心问题是政策症结。

第一，顶层设计不完善。新能源汽车是国家战略性新兴产业鼓励发展的七大重点领域之一，中国新能源汽车产销量已稳居世界第一，但这并不表明我国新能源汽车发展中不存在任何问题。如，在企业、项目和产品准入管理上到目前还没有形成有效完善的规则体系，低速电动车是鼓励发展还是限制发展？实际的情况在地方政府默许下，低速电动汽车仍在快速发展之中；是优先支持现有车企发展还是新企业申请新能源汽车资质？这是一个难题，一贯的思路是提高门槛，但需要讨论的问题是，如果单纯用高门槛来管理准入，像特斯拉这样的新企业在中国就不能冒出来。再如，工信部今后将建立企业平均油耗与新能源汽车积分挂钩制度，而发改委则希望把新能源汽车的零排放积分和碳排放市场挂钩；财政部则较为推崇美国的加州模式，这些指标涉及多个机构的权利，而其计算方法、管理体制都不一样，如果有很多机制同时存在的话，对于企业有非常多的不确定性。

第二，玻璃门、弹簧门、旋转门现象依然存在。中国的电力体制改革已推进多年，但成效并不显著，究其根源就在于普遍困扰资本进入的玻璃门、弹簧门、旋转门等问题在电力这一能源领域更加难以避免和解决。事实上，民营企业跻身油气、电力等垄断行业已不是新鲜话题，但民企是否能够分到更大的蛋糕呢？长期以来，一边是能源垄断行业在推进混合所有制上的"争先恐后"，另一边是摆在民企面前的"各种门"，面对能源大国企早已布下的"天罗地网"，电改之路步履蹒跚也是"命中注定"。市场化是电力体制改革的方向，只有多买多卖才能形成充分的竞争市场。而当市场上只有一个卖家时，购电侧是没议价能力的，这就必然导致售电侧仍能获得垄断利润。只有实现发电方和用户直接交易，电改才能够有实质性推进。但就是这样一个看似简单的道理，却让国家和地方政府在近十几年的时间里出台了几十份文件而仍未有明显进展。

第三，对新业态新模式不友好。如，国际上 CMO 是较为普遍的，中国不少医药企业为国际药企生产药品。但在我国生物医药企业间委托制造（CMO）为行政许可事项，需要单独批准。依据现行《药品管理法》，我国对国产药品实行上市许可与生产许可合一的管理模式，仅允许药品生产企业在取得药品批准文号，经药品生产质量管理规范认证后，方可生产该药品；药品研发机构和科研人员只有另办药品生产企业才能取得药品批准文号。这种药品注册与生产许可"捆绑"的模式，不利于鼓励创新，不利于保障药品供应，不利于抑制低水平重复建设。今年6月国务院办公厅印发《药品上市许可持有人制度试点方案》，在北京、天津、河北、上海、江苏、浙江、福建、山东、广东、四川等10省（市）开展药品上市许可持有人制度试点工作。根据试点要求，今后药品上市许可与生产许可将分离，药品科研机构、人员将可独立申请药品上市许可，并与有资质企业合作进行生产。但从试点到立法再到普及仍需要较长的时间。

第四，市场环境不匹配。在通用航空领域，早在2010年，国务院、中央军委就发布了《关于深化我国低空空域管理改革的意见》，至今已过去6年。尽管低空开放工作有一定进展，国家相关部门也出台了相应的促进政策，但通用航空运营及产业发展的良好环境尚未形成，通用航空起飞难、落地难的问题尚未从根本上解决。除了制度性和体制性障碍以外，一个突出问题是基础设施薄弱，由于通用航空机场奇缺，缺乏足够的基础设施保障飞行。在美国，有近 2 万个机场可以供通用飞机起降。而我国通用机场加上临时起降点的数量只有约 400 个，这其中获得民航局机场运营许可的通用航空颁证机场也就 40 多个。事实上，无论是地方政府、通航企业还是民间资本，对通用航空机场都表现出了很大的投资热情。但长期以来，通用航空机场的建设审批程序复杂、周期长，导致通用航空机场建设难。又如，在新能源汽车领域，由于充电桩等基础设施的不完善，大大降低了我国新能源汽车的实际需求和使用效率，不少新能源汽车都沦为"占牌"的工具，甚至在 4S 店里售车广告牌上都出现了"占号神器"的字样，从而造成了"出门开油车上路、家里停电动车站岗"的窘境。结合通用航空和新能源汽车两个产业面临的短板问题来看，这种重标不重本的做法，势必让基础设施不健全的新兴产业发展后劲不足。

第五，行政壁垒高企，区块分割严重。多年来，受行政制度束缚抑制，各部门之间的协作能力不足，决策权、执行权割裂严重，看似分工明确实则协调难度较高，无法实现联动运转。以北斗导航卫星系统为例，总装备部负责卫星的研制和发射，总参谋部负责系统的运营和维护，但北斗系统的大量应用却在民用环节，这就造成各环节的封闭系统各自为政，无法建立联动体系，最终拖累了技术进步速度和应用产业化步伐。

又如，依然是在通用航空领域，当前，发展通用航空的瓶颈是空域管理体制，空域不开放，生产的通用飞机无法起飞。国内除民航航路和机场上空的空域是由民航总局管辖外，其他空域全部是实行军事管制。这种产业归口于民航、空域归口于军方的体制，是我国通用航空远远落后于公共航空运输的重要原因之一。低空空域开放以及开放以后的管理问题，通用机场的申报审批、投建机制及建成后的管理和区域性空域使用的协调问题，通用航空飞行安全管理等问题，都不是单一的管理部门就能解决的，需要跨部门协商，制定跨部门的政策措施，甚至可能需要重新进行顶层制度设计及管理安排，甚至上升到国家层面解决或协调。

三、在政策细节上精准发力壮大新经济

供给侧结构性改革的核心是补短板，补短板的关键是提供精准有效的制度供给，通过不断深化改革，释放制度性红利，挖掘补短板、扩大有效投资的巨大潜力，从而以有效供给刺激引领需求释放，做强产业链、供应链、创新链、资本链、价值链，打造产业升级版，培育经济新动能，实现经济的可持续健康发展。具体而言：

第一，要厘清政府与市场的边界，明确政策制度的基本定位。要处理好市场基础性作用和政府引导性作用的关系，政府既不能袖手旁观，也不能越俎代庖。政府在市场培育上应有效、有力、有度，在放宽市场准入门槛、充分发挥市场配置资源决定性作用的同时，着力创新体制机制，综合运用产业、税收、财政、金融等多种手段实施相应的产业政策，真正破除智力创造、技术创新、产品孵化、企业经营等领域的一道道体制障碍，真正为企业登记注册、生产经营、投资融资等提供便利，真正打破形形色色的"玻璃门""弹簧门"，进一步降低新经济发展成本，进一步促进要素自由流动，为各种资本有序进入和产业健康发展提供制度保障。

第二，要以制度性改革鼓励民间资本参与"补短板"建设。大力推广政府和社会资本合作（PPP）模式，进一步放开基础设施和产业领域投资限制，在教育、医疗、养老等民生领域和新兴产业发展领域切实做到民办与公办机构在市场准入等方面同等对待，真正解决民间投资准入门槛过高、融资难、融资贵等问题，让民间投资得以进入最具有市场发展前景的领域。同时，应认真执行《关于完善产权保护制度依法保护产权的意见》，加快出台政策细则，坚决坚持平等保护，加大对非公有制经济财产权的法律保护，稳定市场预期，提振投资者信心，增强市场主体创业创新的动力。

第三，要立足产业现状及特色采取差异化的市场培育方式。如对于云

计算、物联网等技术风险较高的领域，前期以政府的应用示范为主推动产业发展；对节能环保产业，主要采用第三方的合同能源管理，大力发展节能服务企业；对高端装备制造领域，要充分利用政府首台（套）政策，并制定有效的产业化补贴政策，在政府采购上给予倾斜，促进企业开拓市场，扶持企业做大做强。同时，对于享受政策保护时间较长却始终成长乏力的新兴产业，应果断启动政策退出机制，避免过度的"幼稚产业"保护。

第四，要将鼓励技术创新作为产业政策的重中之重。培育发展新经济，要以掌握核心技术为目标，并对新兴产业研究开发活动进行普遍性支持。仅仅以学步跟进、消化吸收为目标，无法掌握产业发展和转型的主导权，特别是在谋划长时间段的产业发展时，必须把着力点放在自主创新上，如果不致力于掌握新兴产业发展中的核心技术和关键技术，就不可能实现真正的技术跨越，更遑论占领新兴产业发展的制高点。因此，要把产业技术创新作为产业政策的核心内容，在高端共性技术供给和人力资本等方面着力提升要素供给质量，在创新技术产品应用、知识产权保护、研究开发资助、加速设备折旧等方面采取综合措施，形成鼓励创新创业的有效制度激励。

第五，要顺应时代要求勇于变革产业政策的实施方式。当今时代，新技术、新产业、新业态、新模式不断涌现，给以往的社会分工、生产组织方式、产业生态、行业和企业边界等诸多方面带来前所未有的新变化。在此背景下，产业政策的制定和实施就不能盲目照搬以往的规律和经验，而要勇于变革政府对产业发展的支持方式和管理方式。要改变过去传统产业政策通常从纵向上采用行政性或其他手段、以单一的产业扶持为主的"倾斜型"产业政策状况，采用法律性、诱导性手段主导的"竞争型"产业政策，从横向上为新兴产业创造一种公平竞争的政策环境。要充分发挥国家战略性新兴产业政策的引导作用，促进产业联盟的形成和发展，推动企业集成创新，有效对接国际市场，使我国产业在新一轮国际竞争中占有一席之地，甚至在部分领域占据领先地位。

交通出行供给侧改革的神州式探索

刘亚霄[①]

当前，从东方到西方，全球城市化进程正以前所未有的速度持续加快，并带来了一系列全新的社会生态难题。

公开资料显示，目前全球城市人口总和已经超过全球总人口的一半。预计到 2030 年，全球城市人口将超过 50 亿，相当于全球总人口的 75%，甚至可能超过 80%。2001 年，全世界人口超过 1000 万人的特大城市有 19 个；到了 2015 年，这一数字已超过 60 个。

改革开放以来，我国的城市化进程也在不断加速：1992 年，中国城镇人口比重为 27.46%；2001 年，这一数字达 37.66%；到了 2011 年，进一步提升至 51.27%，首次超过半数，实现了数千年未有的历史性突破。

在过去 30 多年里，我国的城市化一路高歌猛进，主要表现为大量人口移居城镇，发生了大规模的基础设施投资和建设，以及城市物理尺寸的扩张与膨胀。与世界上大多数国家一样，中国开始进入到以城市型社会为主体的城市时代。

值得注意的是，当城镇化率超过 50% 的拐点之后，城镇化速度开始由加速增长时期进入减速增长阶段。在这一阶段，长期快速的城镇化所掩盖的一些深层次矛盾逐步凸显，城市化转型势在必行。

[①] 本文作者为神州租车首席信息官

日趋严重的交通拥堵，是我国城市化进程中的最大难题之一。

伴随着城市化步伐的加快，城市居民的收入和生活水平大幅度提高，相应地促使生活方式的变化：生活节奏越来越快、时间观念越来越强、出行距离越来越远、私家车的数量越来越多。这一方面增加了城市交通的负荷，另一方面也对城市道路交通条件和交通组织、管理方式及能力提出更高要求。

我国城市道路交通存在着众多先天缺陷：道路等基础设施投资少，欠债多；城市建设缺乏统一规划，路网密度低，人均道路长度短，缺少完善的道路交通系统等。因此，我国城市的道路交通长期以来处于超负荷运行状态，一旦出现极端情况，如大规模的雨雪天气等，城市拥堵程度将大幅上升。

城市交通面临四大难题

2000年以后，我国城市交通事业发展很快，交通条件得到了很大的改善，但仍满足不了城市化进程加速背景下的城市社会经济发展的需求，致使城市中的交通问题有日益严重的趋势，主要体现为以下四个方面。

第一，人多车少，运力不足。

一方面是国家经济蓬勃发展，城市规划面积越来越大，人流量、物流量越来越大，造成城市运行出现明显紧张的局面；另一方面，城市交通基础设施投资比例失当，道路建设投资比重过大，公共交通投资比重过小，导致城市交通的车辆供给与需求间的矛盾更加突出。

第二，车多路少，路网结构不合理，整体效能低。

历史上，我国城市道路交通设施投入少，欠债多。城市道路人均面积小，道路用地占城市用地的比重小，路网密度低。由于规划滞后，城市路网无论是布局还是空间容量，均存在明显的先天缺陷。公共车辆和货运车辆增加了很多，但仍满足不了城市客运量和货运量的需要，导致私家车大量增加，车多路少的矛盾更加突出。

第三，城市道路系统缺乏统一合理的规划及设计。

我国城市普遍建市时间长达50年以上，道路系统大都缺乏统一合理的现代化规划布局：主要交通干道不能形成合理网络，道路功能得不到充分发挥；道路性质混杂，有效通行宽度大幅缩水，导致车速下降、交通阻塞；道路交叉口设计或管理不合理，加剧交通阻塞。

最后，交通管理水平低，信息化滞后。

多数城市政府缺乏统一的权威交通管理机制，决策缺乏系统性和综合性，难以实现预期效果；缺乏灵敏高效的交通信息反馈系统，交通信息资源缺乏整合，主管部门决策与管理得不到信息技术支持，无法实时调控交通流量分布，难以为市民出行提供及时有效的引导信息，导致城市交通的规划、建设、运营、管理和服务等环节均存在一定的盲目性和片面性。

以上四大难题在全国所有城市中均有不同程度的体现，势必会对城市社会、经济、生活的发展带来一系列负面影响。例如，公开数据显示，上海市在20世纪50年代初的机动车平均时速为25公里，如今却降为15公里左右；一些繁忙路段的高峰期车辆平均时速甚至只有3至4公里。

一面是不断增长的城市居民出行需求，另一面则是长期由政府单一主导、远不够市场化和竞争化的出行服务供给，两者的矛盾加剧是导致交通"城市病"的根源。笔者认为，这一"城市病"的破题，应当从供给端的多样化、差异化和信息化着手推动，最终重塑整个城市公共出行体系和人车生态圈。

围绕"重塑人车生态圈"这一战略愿景，神州系企业——神州租车和神州专车已经在城市出行的不同领域，展开了一系列积极探索，并取得了令人瞩目的成绩。

技术驱动：供给侧改革的关键

在神州系企业的成长过程中，一个根本的理念是：坚持技术驱动。如果放大到整个出行领域，那么或许可以说，交通的供给侧改革也必须由创新技术来驱动。

我之前做了很多技术创新的工作，最大的感触是：如果用户体验没有获得改善，那么所谓的"创新"就没有太大意义，就没有支撑可言。神州的系统规划都是以数据为驱动，以用户体验创新和改善为出发点，推动供给侧改革。

例如，神州专车每天有几万台车在路上跑，这些车该如何管理？显然要靠技术手段。我们给每辆车都加装了 OBD 车载诊断系统和移动通信模块，并开发了一套 GSFO 网格化运力预测与优化系统，综合运用车联网、大数据和云计算等手段，实时动态调配订单和车辆，以平衡供需、提升接单和接乘速度，进而优化用户体验。

反映到需求端，消费者能够看到神州专车在需求平峰和高峰时段的价格会不一样，还有动态定价，背后都是在用大数据分析手段进行调整。大数据技术不仅能够优化当下的运营情况，还要看对未来有多大改善，需求端增加了多少用户、多少订单。只有当需求得到了提升，才说明供给侧的改进是成功的。

此外，神州专车也在不断展开前人未曾涉足的技术创新。比如，它现在能够提供"推荐上车地点"：后台系统通过大数据算法，为消费者提供上车地点附近的几个推荐上车地点，比如小区门口、马路对面等，消费者可以根据具体情况进行选择。推出这个系统以后，神州专车的接乘效率大幅提升，用户步行到上车地点的长度缩短了 75%。

一个显而易见的趋势是：技术越进步，司机在整个出行生态链中的地位就越不重要。交通出行领域供给侧改革的下一个重点是人工智能，也就是无人驾驶汽车。

目前，无人驾驶还停留在概念和试验阶段，因为马路上的情况太复杂，人脑足以判断，但电脑还做不到。神州做了一个巨大的深度学习网络，专门研究这一领域。无人驾驶汽车的效率更高，还能收集出行数据，整体效率非常高，也会很大程度上改善交通环境。

设想一下：如果北京的出租车全部改成无人驾驶，可能只需要有现在15%的车就够了，道路自然要通畅不少。如果一半的网约车、私家车都改成了无人驾驶，那么整个城市的汽车保有量将大幅减少，困扰多年的交通拥堵问题将以最小的成本得到解决。

从长远来看，大数据及人工智能技术会改变交通行业。从这一意义上而言，供给侧改革不仅是法律法规方面，更重要的是创新模式和创新技术。能否把握科学技术这"第一生产力"，将是这场供给侧改革成败的关键。

后记

坚持做好供给侧结构性改革这篇大文章

唐双宁 [①]

推进供给侧结构性改革，是以习近平同志为总书记的党中央在经济发展方面形成的一个重大理论创新。在新常态下按照新发展理念做好经济工作，必须着力加强供给侧结构性改革。

一、进行供给侧结构性改革是我国进入经济发展新常态下的必然要求

提出供给侧结构性改革的时代背景就是我国经济发展进入新常态。经济发展新常态是我国经济发展取得历史性成就之后呈现的新阶段、新形态，说明我国经济发展正在向形态更高级、分工更复杂、结构更合理的阶段演进。新常态的基本特征：一是增长速度正从高速增长转向中高速增长，二是经济发展方式正从规模速度型粗放增长转向质量效益型集约增长，三是经济结构正从增量扩能为主转向调整存量、做优增量并存，四是经济发展动力正从传统增长点转向新的增长点。

我国经济发展进入新常态，经济发展面临的矛盾和问题也在发生变化。

---

① 本文作者为中国光大集团党委书记、董事长

当前和今后较长时期面临的突出问题就是"四降一升"：一是经济增速下降。国际金融危机后，我国经济 2009 年第二季度开始反弹，2010 年达到 10.6%，之后增速逐年下滑。当前，经济下行压力仍然较大，不可能是"V"型反转。我 8 年前讲过经济的"W"型，从长期来看，经济发展和其他事物运动的规律一样，总是周期性、波浪式前进的。当前有判断认为经济走势是"L"型。这是基于供给侧结构性改革的复杂性和艰巨性，这个观点也是成立的。但放在更长远的时段看，还应是"W"型。二是工业品价格下降。工业品出厂价格（PPI）连续下跌，2015 年全年下跌 5.2%，比上年扩大 3.3 个百分点。进入 2016 年后虽跌幅有所收窄，但是否能够持续下去还不确定。三是固定资产投资增速下降。2016 年 1—6 月，全国固定资产投资同比增长 9.0%，创 16 年来的新低。特别是民间投资同比增长仅 2.8%，相比去年同期的 11.4%，降幅高达 8.6 个百分点。民间投资在社会投资中占比已超 60%，必然造成经济下行压力的进一步加大。四是财政收入增幅下降。2016 年上半年，全国一般公共预算收入比上年增长 7.1%，增幅较去年底进一步下降；全国一般性公共预算支出同比增长 15%，财政支出的刚性导致平衡收支的压力加大。五是经济风险发生概率上升。产能过剩、杠杆率高、库存攀升、不良贷款、地方债务、非法集资等风险点增多，这些风险相互传染，有可能演化为金融风险，对经济金融稳定构成严重威胁。

这种"四降一升"，决定了我们必须进行供给侧结构性改革。从根本上讲，供给与需求是一对矛盾，供给与需求往往交替成为矛盾的主要方面，一方面要根据市场需求提供供给，包括消费供给、投资供给、出口供给等等。市场需求什么，就应当供给什么；供给不适应需求，就应当进行供给侧的改革。我们现在的产能过剩、库存高企就是因为供给结构不合理；杠杆过高、成本过高则是供给侧不合理的成因与代价。当然另一方面，如果供给侧问题改善了，需求跟不上，那就要通过宏观调节，解决需求端的矛盾。

我们所说的结构性问题，是结构过剩与不足并存。一方面部分产业的产能达到峰值，产能严重过剩，存在大量无效供给，占用了大量资源，抬高了全社会成本。另一方面，一些中高收入群体为满足消费需求的供给不足，到国外买房、购物、上学、看病。CPI 和 PPI 一正一负的分离说明，工业品过剩，但部分消费品供不应求。造成这种状况的根本原因在于市场在资源配置中没有真正起到决定性作用，资源配置存在体制机制性障碍，市场体系不完善、政府干预过多和监管不到位并存。这种供给侧、结构性、体制性的扭曲，不可能通过刺激需求的办法解决。而且长期施行需求刺激的政策，会带来严重不良后果。我们过去刺激需求主要是根据凯恩斯主义的"三驾马车"原理。其实"三驾马车"既是需求也是供给，从需求角度讲现在外需刺激不了，消费是慢变量，民间投资短期也很难刺激。最后，只好主要聚焦到扩大政府基建投资上，用政府决策替代市场选择。这就加剧了产能过剩及钢铁、水泥、玻璃、电解铝等投资品大量积压。2015 年，我国钢铁产能 11.5 亿吨，产能利用率 70.8%，不论如何扩大基建投资，也难以消化掉这多达几亿吨的过剩产能。扩大政府投资，超出当期财政能力，还会形成地方政府高负债，产生债务危机。刺激需求，倒逼增发货币，在实体企业盈利能力下降和投资回报率下降的情况下，又促使货币在金融系统自我循环、以钱炒钱、吹大泡沫，出现经济泛金融化、高杠杆化、高债务化，以及更为危险的产业空心化。由于实体企业借贷资金必须投资于高于实际利率的项目才有回报，造成很多企业不敢投资实业，而是购买理财、投资房地产等，使实体经济越来越虚，金融风险也越来越大。以上这些说明，再不进行供给侧的结构性改革，我国经济将难以为继。

二、"三去一降一补"是供给侧结构性改革的重点

供给侧结构性改革是一项长期任务，不可能毕其功于一役。中央确定的方针是，战略上要坚持持久战，稳中求进，把握好节奏和力度，战术上要抓住关键点，打歼灭战，重点抓好"三去一降一补"五大任务。

（一）去产能，积极稳妥处置"僵尸企业"

我们的现实情况是，有些产品价格弹性已经为零甚至为负，价格再怎么下降，消费总量也难以扩大。比如钢铁、煤炭的价格一直在下降，但消费总量却在减少。2014 和 2015 年，煤炭消费总量分别减少 2.9%、3.7%。粗钢消费量 2013 年达到峰值后，2014 和 2015 年分别下降 3.3% 和 5.4%。这说明根本原因不是需求不足，而是产能过大，产能超出需求极限。

过剩产能在企业层面的表现就是"僵尸企业"。"僵尸企业"是那些已经丧失偿付能力、不能清偿到期债务，达到了破产法规定的申请破产条件，只能依靠银行贷款、政府补贴、母公司补贴等维持生命僵而不死的企业。"僵尸企业"占用信贷、财政、土地、劳动等资源，抬高杠杆率，加剧产能过剩，扭曲市场价格信号，限制市场优胜劣汰，制约经济升级，长此以往，还会把行业中的优质企业拖垮，最后大家一起死。而且让"僵尸企业"继续举债，实际是加剧道德风险，损害全体人民的利益。当然处置"僵尸企业"会带来职工下岗、不良资产增加等一些新问题，但这是绕不过去的坎，只能用稳妥的方式，用今天的"小震"，化解未来的"大震"。

处置"僵尸企业"的方针是：企业主体、政府推动、市场引导、依法处置，多兼并重组、少破产清算，做好职工安置和债务处置。通过制定全面配套的政策体系，通过在财税支持、不良资产处置、失业人员再就业和生活保障、专项奖补以及资本市场等方面的支持，达到减少过剩产能，提高产能利用率，稳定工业品价格，止住价格下跌，增强优质企业盈利能力并平稳过渡的目的。

（二）去库存，化解房地产积压状况

截至今年 8 月末，全国商品住宅待售面积 4.3 亿平方米，施工面积 48 亿平方米，合计超 52 亿平方米。按每套住宅面积 100 平方米计算，今后两三年的住宅供应总量为 5200 万套，按每套 3 人计算，可容纳 1.6 亿人口。显然，相对于现有户籍人口而言，库存多了，但相对于在城镇就业和生活的 2.5 亿非户籍人口而言却是不足。问题是，由于户籍制度的制约，这些非户籍人口很难形成在城镇长期定居从而买房租房的预期；更主要的是在一二线城市，绝大多数的非户籍人口买不起住房。一方面非户籍人口城镇化需要住房，另一方面三四线城市房地产库存高企。在这方面，国家主要采取两大举措：一是落实户籍制度改革方案，允许农业转移人口等非户籍人口在就业地落户，使他们形成在就业地买房或长期租房的预期和需求。二是明确深化住房制度改革方向，以满足新市民住房需求为主要出发点，以建立购租并举的住房制度为主要方向。我们过去住房制度改革的思路是，对中高收入群体通过购买商品房解决，对中低收入群体通过政府支持建设保障性住房解决，对困难群体通过政府提供廉租房解决。而大学毕业生、中等职业学校毕业生、农民工等群体刚参加工作时，往往都是中低收入群体，不具备购房能力，他们又是住房的真正刚需。所以，现在住房制度改革的要点是，对有能力直接买房的，仍支持包括非户籍人口在内的城镇居民购买产权房；对一时买不起的，支持他们先租房；对难以承受市场化房租并符合条件的，政府给予货币化租金补贴，把公租房扩大到非户籍人口。

（三）去杠杆，防范化解金融风险

造成我国金融风险的主要原因是宏观杠杆率过高、增长过快，一旦经济下滑，这种高杠杆就会演变为金融风险。我国全社会杠杆率从 2008 年的 170% 增加到 2015 年的 249%。2015 年各债务主体的杠杆率分别为：非金融企业 131.2%（不含地方政府融资平台）、政府 56.8%、家庭 40%。特别是非金融企业的负债率过高，按综合融资利率 5.7% 计算，企业一年所付利息为 5.1 万亿元。这是宏观上货币宽松与微观上贷款难贷款贵悖论的根源，这是一个方面。问题的另一方面是我国重点金融机构，特别是国有银行利润普遍下降，基本是微利甚至负利。这也说明现在乱办金融机构、非法集资问题十分严重。但无论如何，从长期看，必须坚持去杠杆的政策方向，严防金融风险。我国现行金融机构不是少而是多，金融服务总体不是不足而是竞争过度。普惠金融不等于普办金融，利率市场化不等于绝对自由化。要下决心关停并转一批小杂乱金融机构。前事不忘后事之师，否则天下乱必从金融始，金融乱必从小杂乱金融机构始。

守住不发生系统性和区域性风险的底线，还要有加、有减、有转移地降低总体杠杆率，适当提高中央政府杠杆率，降低地方政府债务风险；去产能和处置不良贷款，降低企业杠杆率。具体的任务和措施，包括对信用违约依法处置，妥善处理风险案件；对地方政府债务风险，做好存量债务置换，完善全口径政府债务管理；对不良贷款，研究创新性举措，确保债权人利益。对金融风险，加强全方位监管，规范各类融资行为，开展金融风险专项整治，遏制非法集资，加强风险监测预警。建立金融风险联防机制，实行银、证、保联防，网上网下联防，中央与地方联防，防止出现系统性金融事件。金融风险宁可信其有，不可信其无；宁可信其大，不可信其小。

（四）降成本，减轻企业负担

我国属于中等收入国家，但很多方面成本已经偏高甚至过高，必须从全球视野和中华民族长远发展的战略高度加以解决，必须下决心降低全社会的生产成本和生活成本。否则，大量企业将会被高成本压垮。

降成本首先要减轻企业负担，增强实体经济盈利能力。国家在这方面打出"组合拳"，实行"七降"。一是降低制度性交易成本，主要靠转变政府职能、简政放权，进一步清理规范中介服务。二是降低人工成本，企业对人工成本上升反映强烈，要求修改劳动合同法，全国人大有关部门也在研究这一建议。三是降低企业税费负担，清理各种不合理收费特别是垄断性中介服务收费，已经实施的"营改增"政策，要落到实处。四是降低社会保险费，精简归并"五险一金"，降低企业养老金缴付比例，降低企业住房公积金缴付比例。五是降低企业财务成本。六是降低电力价格，推进电价市场化改革。七是降低物流成本，推动流通体制改革。

（五）补短板，扩大有效供给

实现全面建成小康社会目标，我们面临不少短板。从不同收入群体看，重点是农村贫困人口；从产业看，重点是现代农业、新兴产业、现代服务业；从产品看，重点是绿色产品、生态产品；从质量看，重点是高品质产品；从资本看，相对于物力资本而言，重点是人力资本；从生产要素看，相对于资本和劳动，重点是创新特别是颠覆性创新。

为此，要扩大有效供给，补好短板，包括打好脱贫攻坚战，坚持精准扶贫、精准脱贫，瞄准建档立卡贫困人口，加大资金、政策、工作等投入力度，真扶贫，扶真贫，提高扶贫质量；支持企业技术改造和设备更新，降低企业债务负担，创新金融支持方式，提高企业技术改造投资能力；培育发展新兴产业，加快技术、产品、业态创新；补齐基础设施短板，提高投资有效性和精准性，推动形成市场化、可持续的投入运营机制；加大投资于人的力度，使劳动者更好地适应变化了的市场环境；继续抓好农业生产，保障农产品有效供给，保障口粮安全，保障农民收入稳定增长，加强农业现代化基础建设。

三、进行供给侧结构性改革要统筹兼顾

推进供给侧结构性改革，要实施相互配套的五大政策支柱，即宏观政策要稳、产业政策要准、微观政策要活、改革政策要实、社会政策要托底。

宏观政策要为结构性改革营造稳定的宏观经济环境。稳定经济运行是结构性改革的基础，经济运行要保持在合理区间。财政政策和货币政策的基本取向可以不变，但重点和力度要有所调整。积极的财政政策要加大力度，实行减税政策，阶段性提高财政赤字率，在适当增加必要的财政支出和政府投资的同时，主要用于弥补降税带来的财政减收，保障政府应该承担的支出责任。稳健的货币政策要灵活适度，为结构性改革营造适宜的货币金融环境，降低融资成本，保持流动性合理充裕和社会融资总量适度增

长，扩大直接融资比重，优化信贷结构，完善汇率形成机制。

产业政策要准确定位结构性改革的大方向。这其中包括实体经济与虚拟经济、制造业与服务业、存量与增量、传统产业与新兴产业、住房制度改革中购房和租房的关系等。具体的投资机会要由企业家和各类投资者在市场中选择。产业政策的基本方向是，推进农业现代化、加快制造强国建设、加快服务业发展、提高基础设施网络化水平，推动形成新的增长点；坚持创新驱动，注重激活存量，着力补齐短板，加快绿色发展，发展实体经济，等等。

微观政策要激发企业活力和消费者潜力。供给侧结构性改革更多地作用于微观。对企业即生产者，政府要做好为企业服务工作，在制度上、政策上营造宽松的市场经营和投资环境，鼓励各种所有制企业创新发展，保护各种所有制企业产权和合法权益，改善企业市场预期，使企业增强信心。对消费者，要营造商品自由流动、平等交换的市场环境，破除市场壁垒和地方保护，使有效供给能顺畅到达消费者手中。

改革政策要推动各项改革落地见效。改革要在"实"字上下功夫。一方面，改革方案本身要实，符合实际，从实际中来，能直接落地，而不能闭门造车，"一层一层往上骗，一直骗到国务院"。另一方面，方案的落地要实，破除顶层设计与实际落实之间的"肠梗阻"，使改革在微观层面见到实效。顶层设计要充分考虑到我国幅员广阔、地域差距大、国情复杂的特点，给地方留有充分的空间和余地。

社会政策要为结构性改革创造良好的社会环境。结构性改革特别是化解过剩产能，必然带来一些阵痛，涉及部分群体就业和收入，但这是必须要过的坎，必须要经历的阵痛。要更好发挥社会保障的稳定器作用，把重点放在兜底上，保障"两个基本"，即基本生活、基本公共服务。现在的就业形势同上世纪 90 年代已有很大不同，财力规模和保障制度同上世纪 90 年代相比也有很大进步，但结构性改革特别是处置"僵尸企业"必然会带来一些局部的阵痛，我们的社会政策必须托起这个底。

供给侧结构性改革要着力推进具有基础性作用的改革，主要是国企、财税、金融、构建开放性经济新体制，以及具有兜底作用的养老保险制度改革，同步推进一批对"三去一降一补"具有牵引作用的改革举措。

国企改革，要全面落实中央审议通过的国有企业改革文件，加快组建国有资本投资公司、运营公司，加快推进垄断行业改革。财税改革，主要是抓住划分中央和地方事权和支出责任、完善地方税体系、增强地方发展能力、减轻企业负担等关键性问题，进行有针对性的改革。金融改革，尽快形成融资功能完善、基础制度扎实、市场监管有效、各种合法权益得到充分保护的各类金融市场；从实际出发，稳妥改革金融监管体制等。养老保险制度改革，要着眼于构建公平、可持续的养老保险制度，完善个人账户，坚持精算平衡，提高统筹层次。

供给侧结构性改革，是新时期中国经济改革的重中之重，将在实践上影响中国改革的进程，在理论上丰富和发展中国特色社会主义政治经济学的内涵。我们要结合不断发展变化的实际，群策群力，坚韧不拔地推动这项改革。

图书在版编目（CIP）数据

供给侧改革，下一步怎么办 / 滕泰 主编. — 北京：东方出版社，2016.10

ISBN 978-7-5060-9309-5

Ⅰ.①供… Ⅱ.①滕… Ⅲ.①中国经济—经济改革—研究 Ⅳ.①F12

中国版本图书馆CIP数据核字（2016）第254285号

供给侧改革，下一步怎么办

（GONGJICE GAIGE XIAYIBU ZENMEBAN）

主　　编：	滕　泰
责任编辑：	许剑秋　李宛霖
出　　版：	东方出版社
发　　行：	人民东方出版传媒有限公司
地　　址：	北京市东城区东四十条113号
邮政编码：	100007
印　　刷：	三河市金泰源印务有限公司
版　　次：	2016年10月第1版
印　　次：	2016年11月第2次印刷
开　　本：	710毫米×1000毫米　1/16
印　　张：	12.5
字　　数：	150千字
书　　号：	ISBN 978-7-5060-9309-5
定　　价：	48.00元

发行电话：（010）85924663　85924644　85924641